Bibliothek
der schönsten
Märchen

ZAUBERMÄRCHEN UND
SCHELMENGESCHICHTEN

Aus China

ZAUBERMÄRCHEN UND SCHELMENGESCHICHTEN

Ausgewählt und übersetzt
von Vera Wiltberger
Illustriert von Monika Laimgruber

Annette Betz Verlag

Die Affenhöhle

Einst lebte in einem der vielen Reiche, die es im alten China gab, ein König, der als besonders dumm und eitel galt. Nun wollte es der Zufall, dass dieser König, als er mit seiner Jagdgesellschaft durch den Wald streifte, an einem Kloster vorbeikam, vor dem ein alter Mönch und ein kleiner Affe saßen, die Schach spielten.

Der König, der sich für einen ausgezeichneten Schachspieler hielt – weil sich niemand getraute, ihn verlieren zu lassen –, wollte sich vor seinen Gästen großtun und rief: »He, Mönch! Es scheint, als wären dir die Gegner zum Schachspielen ausgegangen! Jag das räudige Vieh weg, dann will ich dir ein paar Kniffe beibringen!«

Der Mönch tat, wie ihm geheißen worden war, und der König stieg selbstgefällig vom Pferd und setzte sich mit wichtigem Gesicht an das Schachbrett. Es dauerte nur ein paar Züge, bis der Mönch erkannt hatte, dass der König ein miserabler Spieler war. Aber seine Höflichkeit gebot ihm, dem hohen Herrn die Schmach der Niederlage zu ersparen. So kam es, dass der König unter johlendem Beifall seiner Gäste eines um das andere Spiel gewann. »Ich dachte immer, ihr Mönche wäret so gebildete Leute«, spottete er, »du scheinst mir der beste Beweis dafür zu sein, dass es auch Ausnahmen gibt. Das Spiel mit dir beginnt mich zu langweilen, aber vielleicht gibt es

hier ja außer dir noch jemanden, der das königliche Spiel etwas besser beherrscht als du!«

»Außer mir lebt nur mein Lehrer hier, Majestät«, antwortete der Mönch, »aber ich fürchte, er ist als Gegner noch unwürdiger als ich!«

»Überlass das Denken mir und schaff mir den Kerl her, ich habe schließlich nicht den ganzen Tag Zeit!«, polterte der König ungehalten.

Also machte sich der Mönch auf und kam kurze Zeit später mit dem kleinen Affen zurück.

»Was soll das?«, herrschte ihn sein hoher Besuch an, »wo ist der Mann, gegen den ich spielen will?«

»Ihr habt nach meinem Lehrer gefragt, Majestät«, antwortete der Mönch leise, »nun, hier ist er. Der Affe hat mir das Schachspielen beigebracht!«

Als der König dies hörte, brach er in schallendes Gelächter aus. »Wenn das so ist, dann muss ich mich jetzt ja wohl ganz besonders anstrengen. Sag deinem Lehrer, er soll sich zu mir setzen, aber nicht zu nah, damit mich sein Gestank nicht in der Nase kneift!«

Der Mönch sprach leise mit dem Äffchen, das sogleich mit behenden Sätzen zu dem Schachbrett hinüberhüpfte, die Figuren zurechtrückte und darauf wartete, dass der König mit dem Spiel beginnen würde.

Der König warf seinen Gästen einen triumphie-

renden Blick zu und machte den ersten Zug. Dann kam der Affe an die Reihe. Der König stutzte, kratzte sich am Kopf und schob eine Figur nach vorn. Blitzschnell nahm ihm das Tier die erste Figur ab. Verdutzt blickte der König auf das Schachbrett und bevor er richtig verstanden hatte, was eigentlich vorging, hatte das Äffchen die Partie gewonnen. Es gewann auch die Revanche und auch das dritte und vierte Spiel gingen zu Gunsten des Äffchens aus.

Dem König standen die Schweißperlen auf der Stirn, während er hilflos zusehen musste, wie ein Affe ihn vor seinen Begleitern zum Narren machte. Die Gäste starrten verlegen auf ihre Stiefelspitzen und versuchten, sich das Lachen zu verkneifen, denn der König war als jähzornig bekannt und es konnte üble Folgen haben, wenn man ihn verärgerte.

Dies wusste das Äffchen natürlich nicht – und selbst wenn, wäre es ihm wahrscheinlich auch egal gewesen. Es war eben ein Äffchen und kein Mensch und es sah überhaupt nicht ein, dass es jemanden gewinnen lassen sollte, nur weil er ein König war. Also machte es weiter seine Züge und der König verlor ein Spiel nach dem anderen.

Schließlich packte den König der Zorn und er warf das Brett mit aller Kraft an einen Baum, zog sein Schwert aus dem Gürtel und schrie: »Das sollst du mir büßen, du elendes Vieh«, und versuchte, das Äffchen mit dem Schwert zu erschlagen. Doch der kleine Affe war viel zu flink und mühelos entkam er seinem wütenden Gegner, der sich zu allem Überfluss mit seinen schweren seidenen Gewändern auch noch in den Büschen verfing.

Als der König sich schließlich aus dem Unterholz

8

befreit hatte, sah er das Äffchen gerade noch in einer Grotte verschwinden. »Na warte, das sollst du mir büßen«, schnaubte er und rannte wutentbrannt hinter dem Affen her. Kaum war der König in der dunklen Grotte verschwunden, da hörten seine Jagdgäste ein lautes Geheul. Sie dachten schon, er hätte den Affen erwischt, aber stattdessen stolperte der König, der in der dunklen Grotte gegen eine Felswand gelaufen war, mit blutender Nase ins Freie.

»Bringt mich hier weg!«, schrie er, »dieser Ort ist verhext, der Affe ist verhext und wahrscheinlich ist der Mönch auch verhext!« Dann sank er kraftlos in die Arme seiner Bediensteten. »Das sollt ihr mir büßen!«, jaulte er noch, als er inmitten seiner Gäste davonritt.

Der Mönch blieb allein zurück. Er stand noch lange auf dem Pfad und blickte dem König nach, der schimpfend und maulend allmählich zwischen den Bäumen verschwand.

Von diesem Tag an hat niemand den kleinen Affen mehr gesehen. Er blieb in der Grotte. Aber ein paar alte Frauen, die immer zum Holzsammeln in die Nähe des Klosters kamen, berichteten, dass der alte Mönch auf dem Weg zum Gebet jeden Tag an der Höhle des kleinen Affen Halt machte, um mit ihm eine Partie Schach zu spielen. Und wer weiß, vielleicht macht er das ja heute noch.

Die weiße Schlange

In einer Höhle hoch über den Wolken, zwischen den eisigen Gipfeln des Wolkengebirges, lebte die sanfte Baishan, die ein Schlangengeist war. Sie hatte ihre Behausung, die sie mit ihrer Schwester Lüshan teilte, seit vielen tausend Jahren nicht mehr verlassen. Obwohl sie dadurch zu einer mächtigen Zauberin geworden war, fühlte sie sich dennoch einsam.

»Lass uns zu den Menschen gehen«, sagte sie eines Tages zu Lüshan, »ich halte es in der Höhle nicht mehr aus!«

Lüshan war Feuer und Flamme, denn auch sie konnte die Traurigkeit, die sie in ihrer unwirtlichen Welt befiel, nicht mehr ertragen. Also verwandelten sich die beiden in schöne junge Frauen und flogen zur Erde hinunter.

Sie begaben sich in ein kleines Dorf, das an einem Fluss lag, und mischten sich unter die Menschen. Sie waren so verzaubert von all den Farben, Geräuschen und dem Wohlgeruch der Blumen, dass sie es gar nicht bemerkten, als am Himmel schwarze Wolken aufzogen. Plötzlich fing es an zu donnern und der Regen prasselte auf sie herunter. Schutzsuchend blickten sie sich um, doch nirgends war ein Unterschlupf zu sehen.

Da kam ein junger Mann mit einem großen Fächer angelaufen und rief: »Werte Fräulein! Kommt schnell unter meinen Schirm, ich will euch ins Trockene bringen!«

So kam es, dass die Schlangengeistermädchen an ihrem ersten Abend, den sie unter Menschen verbrachten, den jungen Li kennen lernten. Baishan spürte, dass er ein guter Mensch war, und freute sich über seine Bekanntschaft. Der junge Mann war seinerseits von Baishans Schönheit und ihrem liebenswerten Wesen ganz verzaubert, sodass er eines Tages seinen ganzen Mut zusammennahm und um ihre Hand anhielt.

»Mein lieber Li«, antwortete Baishan, »es gibt nichts, was ich mir sehnlicher wünsche!« So wurde bald die Hochzeit gefeiert und das junge Paar zog zusammen mit Lüshan in ein bescheidenes Häuschen. Li mühte sich redlich, für seine neue Familie zu sorgen, aber der Apotheker, für den er arbeitete, zahlte ihm nur wenig Lohn, sodass sie ein einfaches Leben führen mussten.

»Wir müssen Li helfen«, entschied Baishan. »Geh und bitte den Kraken, dass er uns von dem Gold gibt, das auf dem Grund des Flusses liegt«, bat sie Lüshan, die sich sogleich auf den Weg machte.

Als Li abends nach Hause kam, empfing ihn Baishan mit strahlendem Gesicht. »Denk nur!«, rief sie, »meine Verwandten haben endlich meine Mitgift geschickt. Jetzt hast du genug Geld, um deine eigene Apotheke aufzumachen. Lauf auf den Markt und besorg dir alles, was du brauchst!«

Das ließ sich der junge Li nicht zweimal sagen, sondern machte sich sogleich auf den Weg. Er betrieb sein Geschäft sehr gewissenhaft und dank der Mithilfe der Schlangengeister gelang es ihm, mit seiner Medizin auch die seltensten Krankheiten zu heilen. Es dauerte nicht lange und er war bis weit über die Grenzen des Landes berühmt.

So kam es, dass auch ein alter Mönch von der Heilkraft seiner Medizin erfuhr. »Es sollte mich wundern, wenn es bei diesem Li mit rechten Dingen zugeht«, sagte er zu seinem Klostervorsteher, »ich denke, ich werde hinunter in den Süden wandern und mir die Sache aus der Nähe betrachten!«

Einige Zeit später kam er in dem kleinen Dorf an, in dem Li mit seiner Frau und seiner Schwägerin wohnte. Der Mönch fragte nach der Apotheke und die Leute gaben ihm bereitwillig Auskunft. Als er den Laden gefunden hatte, trat er ein, und als er sah, dass Li allein war, machte er kehrt und begab sich zu dessen Haus.

Nichts ahnend kam Baishan an die Tür, doch als sie sah, dass es der alte Mönch war, wollte sie das Tor gleich wieder schließen. Der Alte hielt sie jedoch am Handgelenk fest und sagte:

»Ich weiß, wer du bist! Es ist nicht recht, dass du dich unter die Menschen mischst. Kehre in deine Höhle zurück, sonst wird es dir schlecht ergehen!«

»Meine Schwester und ich haben viele tausend Jahre in der Einsamkeit verbracht. Wir wollen keine Geister mehr sein! Erlaubt uns, hier zu bleiben! Wir tun nichts Schlechtes, sondern helfen den Menschen, so gut wir es verstehen«, flehte Baishan den Mönch an.

Aber der Alte blieb unerbittlich und befahl: »Du wirst mit deiner Schwester in das Wolkengebirge zurückkehren. Tust du es nicht, wird etwas Schreckliches geschehen!«

Als der Mönch gegangen war, lief Baishan verzweifelt zu ihrer Schwester, um sich mit ihr zu besprechen.

»Was soll schon geschehen«, beruhigte sie Lüshan, »durch die lange Zeit in der Höhle sind wir mächtig geworden. Der Mönch kann uns nichts anhaben!« Und so schlugen die Schwestern die Drohung des Mönchs in den Wind und lebten weiter, als sei nichts geschehen.

Der Mönch aber, voller Hass auf Baishan und Lüshan, beschloss, ihr Glück zu zerstören. Er begab sich erneut in das kleine Dorf und ging direkt zu der Apotheke, die Baishans Ehemann gehörte. Als Li ihn vor der Tür erblickte, lief er hinaus, um ihm ein Almosen zu geben. Kaum war er aus dem Haus getreten, da packte ihn der Alte am Arm, zog ihn in eine Ecke und sprach: »Weißt du eigentlich, wen du da geheiratet hast? Deine Frau ist kein menschliches Wesen, sie ist ein Schlangengeist!«

»Das kann nicht sein«, entgegnete der junge Li entrüstet, »meine Frau ist das lieblichste Wesen, das es auf der Welt gibt. Nie hat sie mir oder irgendeinem anderen etwas Schlechtes angetan!«

»Wie kommt es dann, dass sie keine Verwandten hat außer ihrer Schwester?«, fragte der Mönch listig. »Weißt du denn nicht, dass ihr Name ›die weiße Schlange‹ bedeutet?«

Der Alte redete so lange auf Li ein, bis der junge Mann gar nicht mehr wusste, was er nun glauben sollte und was nicht. »Du musst mir ja nicht glauben«, fuhr der Mönch fort, »wenn du aber doch Zweifel hast, dann gibt es einen ganz einfachen Weg, um festzustellen, ob deine Frau eine Schlange ist oder nicht! Du musst ihr bei Vollmond ein Glas von dem Wein anbieten, der aus den Tälern unterhalb des Wolkengebirges kommt. Trinkt sie ihn und es passiert nichts, ist sie ein Mensch wie du und ich. Ist sie aber ein Geisterwesen, dann genügt ein Tropfen, damit sie sich in ihre ursprüngliche Gestalt zurückverwandelt!« Mit diesen Worten drehte sich der Mönch um und verschwand.

Der junge Li war verwirrt und niedergeschlagen. Und weil er die Ungewissheit nicht ertragen konnte, beschloss er zu tun, was der Mönch ihm geraten hatte. Als der volle Mond das nächste Mal schien, ging er in die Kammer seiner Frau und sprach:

»Liebe Baishan, wir haben uns in letzter Zeit so selten gesehen. Wir wollen uns unterhalten und zusammen ein Glas Wein trinken. Ich habe einen Krug Wein von den Wolkenbergen mitgebracht!«

Als Baishan dies hörte, wurde sie aschfahl im Gesicht und sprach: »Lieber Mann, du weißt doch, dass ich keinen Wein trinke! Warum können wir denn nicht auch so zusammen sein?«

Da wurde Li misstrauisch und redete so lange auf seine Frau ein, bis sich Baishan nicht mehr zu helfen wusste und den Wein trank. »Lass mich jetzt bitte allein«, bat sie ihren Mann, »mir ist von dem starken Wein ein bisschen schwindelig!«

Der junge Li, der wegen seines Misstrauens ein ganz schlechtes Gewissen hatte, verabschiedete sich eilig und verließ das Zimmer. Er lief durch die hell beschienenen Straßen und machte sich

Vorwürfe. Schließlich kehrte er nach Hause zurück und klopfte leise an die Tür, die zu Baishans Zimmer führte. Als er keine Antwort hörte, schlich er sich leise hinein, um noch einen Blick auf seine schlafende Frau zu werfen. Doch als er den Vorhang von ihrem Bett zur Seite schob, fand er statt seiner Frau eine riesige weiße Schlange, die sich im Bett hin und her wand.

Der Anblick entsetzte den jungen Mann so sehr, dass er tot zu Boden fiel.

Als Baishan am nächsten Morgen wieder in ihrer menschlichen Gestalt erwachte und die Leiche ihres Mannes vor ihrem Bett liegen sah, warf sie sich auf seine Brust und weinte bitterlich.

»Es gibt nur eine Möglichkeit, ihn wieder zum Leben zu erwecken«, sagte Lüshan, die ihrer Schwester zu Hilfe geeilt war, »wir müssen ihm vom Gras der Unsterblichkeit zu essen geben!«

»Er hat mir meine Liebe schlecht gedankt«, sprach Baishan, »aber er ist nur ein Mensch und er hat mich geliebt, so gut es Menschen eben vermögen!« Dann stand sie auf und sagte zu ihrer Schwester: »Wir müssen uns beeilen und zum Palast des Himmelsfürsten aufbrechen, sonst ist Li für immer verloren!«

So schnell sie konnten, flogen sie hinauf ins Gebirge, wo sich, hoch über den Wolken zwischen den steilen Abgründen, das Schloss des Himmelsfürsten befand. Doch gerade als sie ein paar Halme vom Gras der Unsterblichkeit abpflücken wollten, erschien der Mönch mit einer Armee von Palastwächtern und versuchte, die Schwestern mit seiner Macht zu vernichten.

Baishan und Lüshan aber zeigten keine Furcht, sondern stellten sich den Angreifern mutig entgegen. »Dein Hass kann uns nicht aufhalten!«, schrie ihm Baishan zu, während sie gegen den tosenden Sturm ankämpfte, »ich habe etwas erfahren, was du niemals kennen lernen wirst, egal wie mächtig du auch bist, und dafür werde ich kämpfen!«

Und so entbrannte vor dem Palast des Himmelsfürsten ein furchtbarer Kampf. Es stand schlecht für die Schlangengeister und der Mönch war kurz davor, sie in seine Gewalt zu bringen, da

12

durchzuckte ein mächtiger Blitz das Schlachtfeld und die donnernde Stimme des Himmelsfürsten ertönte:

»Baishan und Lüshan haben das Gesetz des Himmels gebrochen und wollten mich bestehlen! Doch sie haben es nicht für sich, sondern aus Liebe zu einem Menschen getan und deshalb will ich Gnade walten lassen. Baishan darf vom Gras der Unsterblichkeit pflücken und den jungen Li wieder zum Leben erwecken. Dafür muss sie mit ihrer Schwester die Welt der Menschen verlassen und in ihre Höhle zurückkehren. Will sie jedoch auf der Erde bleiben, dann wird der junge Li für immer und ewig den Totengeistern gehören!«

»Ich kehre mit meiner Schwester in die Höhle zurück, hoher Himmelsfürst«, erwiderte Baishan demütig, »wenn ich dafür meinem Mann das Leben wiederschenken kann!«

»So sei es«, entschied der Himmelsfürst.

Die Schwestern pflückten eilig ein paar Gräser ab und begaben sich zurück in das kleine Dorf, in dem sie so glücklich gewesen waren. Sie steckten dem jungen Li die Halme in den Mund und verließen das Haus, bevor er erwachte. Dann kehrten sie in die eisige Steinwüste oberhalb der Wolkenberge zurück, wie der Himmelsfürst es befohlen hatte.

Der junge Li aber konnte sich, nachdem er aufgewacht war, an nichts mehr erinnern, und auch die anderen im Dorf hatten die lieblichen Schwestern bald vergessen. Baishan und Lüshan aber vergaßen die Menschen nie.

Die Tochter des Drachenkönigs

Vor langer Zeit, als es noch Flussgeister und Blumenelfen gab, trabte an einem Herbsttag ein Eselchen mit langsamem Schritt eine schmale Straße entlang. Die letzten Strahlen der untergehenden Oktobersonne tauchten die Felder in goldenes Licht, aber der junge Mann, der auf dem Rücken des Eselchens saß, bemerkte nichts von alledem. Er bemerkte nicht einmal, dass das Eselchen plötzlich die Ohren hochstellte, die Straße verließ und eilig einen Feldweg einschlug. Der Name des jungen Mannes war Danian und er war niedergeschlagen, weil er die Beamtenprüfung wieder nicht bestanden hatte. »All die Mühe und der weite Weg in die Hauptstadt waren umsonst!«, seufzte er. »Was mir jetzt bleibt, ist ein weiteres Jahr im Dienst des geizigen Dorfvorstehers. Ich kann schon hören, wie er mich verspotten wird!«
So saß er also auf seinem Eselchen, das munter mit klingelndem Geschirr zwischen den Feldern und Weiden entlanglief, und jammerte vor sich hin. Er hätte wahrscheinlich noch bis zu seinem Dorf weitergejammert, wenn das Eselchen nicht plötzlich mit einem jähen Ruck an einer Weide stehen geblieben wäre, sodass der unglückliche Prüfling fast aus dem Sattel fiel. Danian blickte sich erschrocken um und entdeckte eine junge Frau, die inmitten einer Herde Schafe auf einem Stein saß und weinte.

»Ich bin zwar nicht gescheit genug, um die Beamtenprüfung zu bestehen, doch kann ich wohl erkennen, dass Ihr traurig seid. Kann ich Euch vielleicht helfen?«, fragte der junge Mann besorgt.
»Ach, es ist alles so furchtbar«, schluchzte das Mädchen, »ich habe einen bösen Mann geheiratet, der mich schlecht behandelt, und meine Schwiegermutter hält mich schlimmer als eine Küchenmagd! Anstatt zu Hause zu sitzen und mit den anderen Frauen zu sticken, muss ich hier draußen im Kalten diese grässlichen wilden Schafe hüten!«
»Das kann man wirklich sagen, dass sie wild und ungestüm sind!«, stimmte Danian ihr zu, als er sah, wie die Tiere auf der Weide herumrannten und die Widder mit gesenkten Köpfen aufeinander losgingen.
»Das sind keine gewöhnlichen Schafe, sie machen, dass es auf der Erde regnet und donnert!«, antwortete die junge Frau und als sie das erstaunte Gesicht des jungen Mannes sah, lachte sie und erklärte: »Ich weiß, das klingt etwas sonderbar, aber schließlich bin ich ja auch kein gewöhnliches Mädchen, sondern die Tochter des Drachenkönigs vom Westsee. Und mein Mann, dem die Schafe hier gehören, ist der Sohn des Drachenkönigs vom gelben Fluss. Aber so komisch ist das eigentlich gar nicht«, sagte sie leise und

Danian sah, dass sich ihre Augen erneut mit Tränen füllten.

»Bitte, weint nicht mehr«, rief er, »wenn es irgendetwas gibt, was ich tun kann, um Euch zu helfen, dann lasst es mich wissen!«

»Ach«, erwiderte das schöne Mädchen, »seit Wochen trage ich eine Nachricht für meinen Vater mit mir herum, doch bislang habe ich niemanden gefunden, der bereit gewesen wäre, zum Westsee zu reiten, um die Nachricht zu überbringen.«

»Ich will gerne für Euch dorthin reiten«, erwiderte der junge Mann, »aber wie soll ich Euren Vater finden? Der Westsee ist riesengroß und außerdem kann ich nicht schwimmen!«

»Seid unbesorgt!«, beruhigte ihn das Mädchen, »um zum Schloss meines Vaters zu kommen, müsst Ihr Euch nicht einmal die Schuhe nass machen. Hört nur aufmerksam zu und behaltet alles gut, was ich Euch jetzt sage: Wenn Ihr am See angekommen seid, dann geht so lange am östlichen Ufer entlang, bis Ihr an eine alte Weide kommt. Wenn Ihr mit Eurem Gürtel dreimal an den Stamm schlagt, kommt einer, der Euch zum Schloss meines Vaters führen wird!«

»Ich denke, das kann ich behalten!«, sagte Danian, nahm die Botschaft in Empfang und stieg auf sein Eselchen.

»Vergesst mich nicht!«, rief das Mädchen und gab dem Esel einen Klaps.

»Wie könnte ich Euch vergessen!«, wollte der junge Mann ihr noch zurufen, doch als er sich umdrehte, war sie verschwunden. Das Eselchen lief, so schnell es seine Beine trugen, und schon bald konnte Danian die grünen Wasser des Westsees am Horizont erkennen. Wie ihm das

Mädchen aufgetragen hatte, ritt er am östlichen Ufer entlang und hatte auch schon bald die Weide gefunden. Kaum hatte er dreimal an den Stamm geschlagen, da erschien auch schon ein mit Schuppen gepanzerter Wächter, der so furchterregend aussah, dass der junge Mann vor Schreck fast in Ohnmacht gefallen wäre.

»Na, na«, brummte der Wächter, »wartet mit dem Ohnmächtigwerden besser, bis Ihr die anderen gesehen habt!« Dann legte er den verschüchterten jungen Mann über seine Schulter und stieg mit ihm ins Wasser. Wie durch ein Wunder teilte sich das Wasser vor der mächtigen Gestalt, sodass Danian, wenn auch mit weichen Knien, so doch zumindest trockenen Fußes beim Schloss des Drachenkönigs ankam. Dort führte ihn ein Diener in eine Halle, deren Wände wie Smaragde schimmerten, nahm die Nachricht entgegen und bat ihn, zu warten.

Er hatte noch nicht lange gesessen und die prächtigen Leuchter und reich verzierten Möbel bestaunt, da vernahm er plötzlich ein Donnern und Grollen, sodass ihm gleich wieder ganz angst und bange wurde. Mit einem Knall öffnete sich die Tür und ein riesiger, furchterregender grüner Drache stürmte in den Saal.

»Was ist bloß aus uns Drachen geworden!«, polterte er los. »So ein Rüpel, so ein Flegel! Hätte ich nur auf meinen Bruder gehört und meine arme Tochter dem Drachenkönig vom Mondsee zur Frau gegeben. Oje, oje, was für ein Jammer, mein armes Kind!«

Der mächtige Drache ließ sich geräuschvoll zu Boden fallen und schniefte laut. Der junge Mann hatte seinen Schrecken so halbwegs überwunden und verbeugte sich tief.

»Na, na, na! Nicht doch«, beschwichtigte ihn der Drache, »ich sollte mich vor Euch verbeugen. Schließlich habt Ihr mir die Nachricht von meiner armen Tochter überbracht. Mein Bruder ist bereits unterwegs, um seine Nichte nach Hause zu holen. Ruht Euch ein wenig aus, denn heute Abend wollen wir die Rückkehr meiner Tochter mit einem großen Fest feiern!« Dann verließ er mit gewichtigem Schritt den Saal.

Als der junge Mann erwachte, waren die Vorbereitungen für das Fest bereits in vollem Gange. Er hatte sich gerade aufgesetzt, da erschien der schuppige Wächter und führte ihn in den Festsaal, der so prunkvoll war, dass der junge Mann, geblendet von all dem Glanz, die Augen schließen musste. Die Wände waren aus Aquamarinen und schimmernden Perlen, die Leuchter, die von der Decke hingen, glichen goldenen Kraken, an deren Fangarmen sich das Licht von zahllosen Kerzen in kunstvoll geschliffenen Smaragden brach.

Um die reich gedeckte Tafel hatte sich die Familie des Drachenkönigs versammelt. Am Kopfende saß der Drachenkönig, ihm gegenüber sein Bruder, dem kleine Rauchwölkchen aus den Nüstern stiegen. Auf der linken Seite hatten die Töchter des Drachenkönigs Platz genommen, zu seiner Rechten saßen die Söhne, die furchterregend mit ihren Krallen auf dem Tisch klapperten. Kaum hatte der junge Mann den Saal betreten, riefen alle durcheinander, bis der Drachenkönig schließlich mit seiner mächtigen Pranke auf den Tisch schlug und brüllte: »Schluss jetzt, was soll denn der arme Mann von uns denken! Wenn ihr so weitermacht, erschreckt ihr ihn noch zu Tode!« Sogleich kehrte Ruhe ein. Seine Söhne

blickten verschämt auf ihre Krallen und seine Töchter kicherten leise. »Ihr habt meine jüngste Tochter vor einem schrecklichen Schicksal bewahrt, deshalb möchte ich, dass Ihr sie zur Frau bekommt, denn Ihr seid ein guter Mann!«
Bei diesen Worten erhob sich die schöne Schafhirtin. Sie war in prächtige Gewänder gekleidet und so anmutig, dass es Danian die Sprache verschlug.

»Nun, was ist?«, wollte der Drachenkönig ungeduldig wissen.

»Majestät«, begann der junge Mann mit leiser Stimme, »ich bin nur der arme Gehilfe des Dorfvorstehers, der eines um das andere Jahr durch die Beamtenprüfung fällt. Eure Tochter ist wunderschön und lieblich, doch habe ich ihr, ganz ohne Hintergedanken, nur einen Gefallen getan und will dafür nichts haben!«

»Eure Bescheidenheit ehrt Euch«, erwiderte der Drachenkönig seufzend, »obgleich ich es gerne gesehen hätte, wenn ich Euch zu meinem Schwiegersohn hätte machen können.« Darauf klatschte er in die Pranken und rief: »Dann bringt als Zeichen unserer Dankbarkeit eine Truhe und füllt sie mit dem Besten, was unsere Schatzkammern zu bieten haben. Nun aber lasst uns die glückliche Rückkehr feiern!«

Das ließen sich die Drachen nicht zweimal sagen. Sogleich brach ein ohrenbetäubender Lärm los, weil sich die Söhne alle gleichzeitig auf die Speisen stürzten. Zwischendurch hoben sie ihre Becher und prosteten dem jungen Mann zu, sodass es nicht lange dauerte, bis sich der Saal mit all seinem Glanz immer schneller vor Danians Augen zu drehen begann und ihm die Sinne schwanden.

Als er wieder zu sich kam, lag er im Schatten der alten Weide. Neben ihm graste das Eselchen und ein Stück entfernt war ein prächtiges Pferd angebunden, das über und über mit kostbarer Seide und einer prall gefüllten Ebenholztruhe bepackt war. Ungläubig betrachtete Danian all die Schätze. »Dann hab ich ja doch nicht geträumt«, sprach er zu sich, bestieg sein Eselchen und trat seinen Heimweg an.

»Das einzige, was mir jetzt noch zu meinem Glück fehlt, ist eine liebe Frau«, dachte er laut, als er den schmalen Pfad entlangritt. Er hatte den Satz kaum zu Ende gesagt, als plötzlich eine alte Frau auf dem Pfad erschien:

»Ich höre, du bist einsam?«, sprach sie den jungen Mann an. »Ich denke, da kann ich dir helfen!«

»Bei allen Geistern!«, rief Danian, »wo kommt Ihr denn her? Ihr habt mich fast zu Tode erschreckt! Ich wusste nicht, dass hier in der Nähe ein Dorf ist!«

Die Alte kicherte und erwiderte: »Ach, wisst Ihr, ich bin hier und da, denn als Heiratsvermittlerin muss ich schnell zugreifen, wenn sich die Gelegenheit bietet. Ich kenne eine junge Frau, die äußerst lieblich ist. Sie kann Euch Euren Haushalt führen, außerdem kann sie weben und sticken und singt wunderschön.«

»Ich glaube, ich würde sie gerne kennen lernen«, erwiderte Danian, »aber wie kommt es, dass Ihr hier in der Gegend niemanden gefunden habt, der sie zur Frau nehmen will?«

»Nun ja«, erwiderte die Alte, »sie hat keine Verwandten, also hat sie auch keine Mitgift. Um ganz ehrlich zu sein, alles, was sie besitzt, sind die Kleider, die sie auf dem Leib trägt!«

»Wenn das alles ist«, rief der junge Mann aus, »ich war selbst mein ganzes Leben arm, wie könnte ich da einen Menschen schlecht heißen, nur weil er nichts besitzt? Nein, führt mich zu ihr, ich möchte sie wirklich gern kennen lernen.«

»Den Weg kann ich Euch ersparen, mein Herr«, antwortete die Alte eifrig, »denn wir sind heute zufällig zusammen unterwegs!«

Kaum hatte die Alte das gesagt, da trat eine schöne junge Frau auf den Pfad. Ihr Haar war schwärzer als die schwärzeste Nacht und glänzte wie Lack, ihr Gesicht war oval und bleich wie der neue Mond und ihre Lippen waren rot und wohlgeformt wie die Blüten einer Pfingstrose. Und als sie den Blick hob und dem jungen Mann mit ihren Mandelaugen zuzwinkerte, wurde dem Ärmsten vor lauter Verwirrung ganz sonderbar ums Herz.

»Ihr habt wirklich nicht zu viel versprochen«, sagte er zu der Alten, »wenn Ihr nichts dagegen habt und das werte Fräulein einverstanden ist, dann nehme ich sie gleich mit in mein Dorf. Wenn sie keine Verwandten hat, so wird hier auch niemand die Hochzeit für uns ausrichten. Außerdem«, richtete er sich an das junge Mädchen, »kommt es mir so vor, als kennte ich Euch schon lange. Es ist seltsam, aber Ihr seid mir ganz vertraut. Wenn es Euch mit mir genauso geht, dann setzt Euch zu mir auf den Esel. Wir wollen von nun an zusammen unseren Weg gehen!«

»Das will ich von Herzen gerne tun«, erwiderte das junge Mädchen und stieg hinter ihm auf. Sie verabschiedeten sich von der Alten und machten sich auf die Reise. Das Eselchen trottete die Straße entlang und bald war das Mädchen eingeschlafen. Sie saß an den Rücken des jungen Mannes gelehnt und die weiten Ärmel ihres Gewandes wehten leise im Wind. Plötzlich spürte Danian etwas in seinem Schuh und als er nachsah, entdeckte er, dass eine schillernde grüne Schuppe in seinen Stiefel gefallen war. Da begriff er, warum ihm das Mädchen so bekannt vorgekommen war.

»Sie ist das Mädchen mit den Schafen, die Tochter des Drachenkönigs. Was bin ich für ein glücklicher Mann, dass so ein bezauberndes Wesen sein Herz an mich verloren hat«, dachte er.

Und so ritten sie zusammen in das kleine Dorf, in dem der junge Mann sein ganzes Leben verbracht hatte. Zuerst staunten die Leute, doch nachdem sich ihre Verwunderung gelegt hatte und sie erkannten, dass er trotz all seiner Reichtümer ein bescheidener Mensch geblieben war, schlossen sie ihn und seine Frau ins Herz.

Nur wenn die Verwandtschaft der jungen Frau zu Besuch kam, steckten die Dorfbewohner ihre Köpfe zusammen. »Wie kann es denn sein, dass sie einen so weiten Weg kommen, aber gar nicht müde sind, sondern drei Tage und drei Nächte feiern können?«, wunderten sie sich.

Auch dem Dorfvorsteher ließ dies keine Ruhe.

Eines Abends, als er einige Gläser Wein getrunken hatte, konnte er seine Neugier nicht mehr zügeln und so schlich er sich zum Haus des jungen Mannes, um ihn auszuspionieren. Vorsichtig bohrte er ein kleines Loch in die papierenen Fenster und spähte hindurch. Als er jedoch all die schuppigen, furchteinflößenden wilden Drachen sah, die dort um den Tisch herum saßen, tranken und johlten, fuhr ihm der Schreck in die Glieder und er rannte davon, so schnell ihn seine Füße trugen.

Seit dieser Zeit trank der Dorfvorsteher keinen Tropfen mehr und wenn sich die Leute über den Krach beschwerten, winkte er ab.

Der junge Mann aber bestand schließlich seine Beamtenprüfung. Er löste den alten Geizhals ab und führte mit seiner geliebten Frau fortan ein glückliches und geruhsames Leben.

Das kluge Mädchen, das König wurde

Vor langer Zeit lebte in einem kleinen Dorf in China ein junges Mädchen, das war nicht nur von außergewöhnlicher Schönheit, sondern dazu auch noch klug und äußerst geschickt, vor allem im Anfertigen kunstvoller Stickereien.

Sie liebte von ganzem Herzen einen jungen Mann aus dem Nachbardorf, den sie schon gekannt hatte, als sie noch ein kleines Mädchen gewesen war. Er war zwar nicht sehr schlau und neigte dazu, alles zu glauben, was ihm die Leute erzählten, das kluge Mädchen liebte ihn aber trotz seiner Einfalt, und so wurde mit dem Einverständnis ihrer Eltern die Hochzeit für den kommenden Herbst festgesetzt.

Sicher hätte alles seinen Lauf genommen, doch der Zufall wollte es, dass der Fürst durch einen fahrenden Händler, der ihm die Stickereien des Mädchens zum Kauf anbot, von der Schönheit der jungen Frau erfuhr und sogleich war sein Verlangen geweckt, das Mädchen zu besitzen. Also schickte er einen Gesandten aus, der das Mädchen finden und zum Fürstenhof bringen sollte.

Doch all seine Schmeicheleien konnten das Mädchen nicht beeindrucken und sie sprach: »Ich bin nur ein einfaches Mädchen aus einer armen Familie und habe keine Kunst erlernt, mit der ich den Fürsten erfreuen könnte. Ich bin es nicht wert, in einem Palast zu leben. Ich fühle mich sehr geehrt, aber ich fürchte, ich kann nicht die Frau des edlen Herrn werden.«

Der Fürst schäumte vor Wut, als sein Gesandter ihm Bericht erstattete, denn auch die taktvollen und bescheidenen Worte, die das Mädchen gewählt hatte, konnten nicht über die Tatsache hinwegtäuschen, dass sie es gewagt hatte, ihn zurückzuweisen.

»Eines Tages«, zischte er, während er wütend durch die weiten Flure seines Palastes lief, »eines Tages werde ich sie schon noch in die Hände bekommen!«

Die jungen Leute ahnten von all dem nichts. Sie feierten Hochzeit und freuten sich, dass sie nun endlich für immer zusammen sein konnten. Sie mühten sich redlich und als ein Jahr vorbei war, war es ihnen gelungen, ganze acht Taler zu sparen.

Als sie abends vor dem Herdfeuer saßen, sprach das Mädchen: »Wir sollten das Geld nicht ausgeben. Geh lieber zum Markt und kaufe davon Garn, damit ich etwas sticken kann.« Sobald ihr Mann zurückgekommen war, setzte sie sich an das Herdfeuer und begann zu sticken. Nach wenigen Tagen hatte sie zwei Kissen fertig gestellt, die so schön bestickt waren, dass ihr Mann sie auf dem Markt für zwölf Taler verkaufen konnte. Doch auch dieses Mal entschied das Mädchen, das Geld nicht auszugeben, sondern noch einmal Garn zu kaufen. Wieder stickte sie Tag und Nacht und bald hatte sie drei Kissen fertig, die noch schöner waren als die ersten.

Am Markttag hatte der junge Mann die Kissen im Nu verkauft und wie seine Frau es ihm aufgetragen hatte, kaufte er von dem Erlös Garne in allen Farben des Regenbogens ein.

Als das Mädchen die schillernden Garnrollen sah, sprach sie zu ihrem Mann: »Dieses Mal werde ich etwas ganz Besonderes sticken«, und verschwand sogleich hinter ihrem Stickrahmen. Die nächsten Wochen arbeitete sie jeden Tag bis spät in die Nacht. Als sie endlich mit der Arbeit fertig war, zeigte sie ihrem Mann eine Decke, die mit Blüten übersät und noch schöner war als alles, was sie zuvor gestickt hatte. »Diese Decke hier ist zwanzig Silbertaler wert«, erklärte sie ihrem Mann, »wenn du in der Stadt niemanden findest, der sie kaufen will, dann kehre zurück. Sieh dich jedoch vor, dass du dich nicht verläufst, und vor allem meide die Gelbe Straße!«

Kaum war er auf dem Markt angekommen, scharten sich auch schon die Leute um ihn und bestaunten die Schönheit der Decke. Viele hätten sie gerne gekauft, aber sobald er den Preis nannte, winkten sie ab. Als schließlich die Dämmerung hereinbrach und die Decke immer noch nicht verkauft war, beschloss der junge Mann, sich auf den Heimweg zu machen. Müde und in Gedanken versunken, wie er war, bemerkte er nicht, dass er den falschen Weg einschlug. »Oje«, flüsterte er erschrocken, als er merkte, dass er sich in der Gelben Straße befand, »ich habe mich verlaufen. Der Palast des Fürsten muss hier ganz in der Nähe sein!«

Gerade als der junge Mann umkehren wollte, öffnete sich ein Tor und eine Jagdgesellschaft mit Falken und Hunden ritt an ihm vorbei. Erschrocken presste er sich an die Mauer, aber der Fürst hatte die Decke bereits erblickt und sofort erkannt, dass es sich um Stickereien jenes Mädchens handelte, das es gewagt hatte, ihn abzuweisen. Also beugte er sich zu dem jungen Mann hinunter und fragte hinterlistig: »Wer hat das gestickt?«

»Ich, hoher Herr«, stammelte der junge Mann verschüchtert, worauf die Begleiter des Fürsten in schallendes Gelächter ausbrachen.

»Lüg mich nicht an«, sagte der Fürst drohend, »sag mir jetzt, wer die Decke gestickt hat!«

»Meine Schwester hat sie gestickt«, erwiderte der junge Mann in seinem verzweifelten Versuch, seine Frau zu schützen.

Da starrte ihn der Fürst aus zornesfunkelnden Augen an und schrie mit donnernder Stimme: »Du sollst mich nicht anlügen! Ich frage dich nun zum letzten Mal: Wer hat diese Decke gestickt?«

Da wusste sich der junge Mann nicht mehr zu helfen und flüsterte niedergeschlagen: »Meine liebe Frau hat sie gestickt.«

»So, so«, sagte der Fürst mit bösem Lächeln zu seinen Gefolgsleuten, »seine liebe Frau«, und zu dem jungen Mann gewandt, sagte er: »Hör gut zu! Morgen werde ich auf der Jagd an deiner Hütte vorbeikommen und bei dir Rast machen!« Darauf gab er seinem Pferd die Sporen und preschte mit seinen Mannen davon.

Niedergeschlagen machte sich der junge Mann auf den Weg. Als er schließlich zu Hause ange-kommen war, merkte seine Frau sofort, dass etwas nicht stimmte. »Was ist denn mit dir?«, fragte sie ihn. Da erzählte er, was ihm passiert war, und als er geendet hatte, seufzte das kluge Mädchen tief. »Warum hast du auch nicht auf die Gelbe Straße geachtet! Was sollen wir jetzt bloß tun?«, klagte sie. »Das Einzige, was ich tun kann, ist, mir ein Versteck zu suchen«, sagte sie schließlich. »Und wenn der Fürst kommt, sagst du ihm, ich sei nicht da!«

Als der Fürst am nächsten Tag zu ihrer Hütte kam, rief er: »Ich bin durstig, bringt mir Tee!« Aber statt des jungen Mädchens, das er erwartet hatte, erschien nur der Ehemann und begann, den Tee zuzubereiten.

»Was tust du da? Lass deine Frau den Tee machen!«, befahl der Fürst.

»Meine Frau ist nicht hier, mein Herr«, erwiderte der junge Mann, »sie ist für einige Tage zu ihren Eltern gegangen.« Der Fürst tat so, als glaubte er ihm, und sagte scheinheilig: »Wie schade, dann leiste du mir wenigstens Gesellschaft!« Und als sich der junge Mann zum Dank verbeugte, schüttete ihm der Fürst heimlich ein starkes Schlafmittel in den Becher.

Kaum war der junge Mann bewusstlos zu Boden gefallen, begannen die Gefolgsleute des Fürsten, die armselige kleine Hütte zu durchsuchen. Es dauerte nicht lange und sie hatten die junge Frau in einer alten Truhe gefunden.

Als der Fürst das junge Mädchen erblickte, vergaß er seinen Zorn. Verzaubert von ihrer Schönheit, bat er sie, seine Frau zu werden, doch das Mädchen ließ sich nicht überreden.

»Ich habe bereits einen Mann, den ich liebe«, sagte sie, »ich werde ihn nicht verlassen, auch wenn es mein Leben kosten sollte!«

Als der Fürst erkannte, dass sich das Mädchen seinem Willen nicht beugen würde, wurde er weiß vor Zorn und befahl seinen Gefolgsleuten: »Bindet dieses störrische Weib auf ein Pferd und bringt sie in meinen Palast! Wir wollen sehen, wie lange sie sich mir widersetzen kann!«

Voller Angst, dass sie ihren Mann nie mehr wieder sehen würde, rief sie: »Wenn es so sehr Euer Wunsch ist, mich zu heiraten, dann willige ich ein. Jedoch habe ich eine Bedingung: Unser Brauch gebietet es, dass die Braut den Göttern auf dem Weg zum Heim des zukünftigen Ehemannes Kuchen und Wasser opfern muss, damit die Heirat glücklich und von Bestand ist!«

Der Fürst sah keinen Grund, der schönen jungen Frau ihren Wunsch abzuschlagen, und so stellte sie auf dem Weg in die Hauptstadt in regelmäßigen Abständen einen Teller mit Kuchen und einen Wasserkrug am Wegrand ab.

Als ihr Mann schließlich wieder zu Bewusstsein kam und entdeckte, dass seine Frau verschwunden war, weinte er bitterlich. Verzweifelt machte er sich auf, um nach ihr zu suchen. Bald befand er sich auf der Straße, die in die Hauptstadt führte. Dort entdeckte er die Teller und erkannte das Geschirr als sein eigenes wieder. Da verstand er, dass er nur den Kuchentellern, die seine kluge Frau am Wegesrand abgestellt hatte, folgen musste, um sie wieder zu finden. Es dauerte einige Tage, bis er am Palast des Fürsten angekommen war. Als er jedoch die hohen Mauern und die Wachen sah, die den Palast umgaben, sank sein Herz und betrübt hockte er sich an den Straßenrand.

Wie er so unglücklich am Straßenrand saß, sprach ihn eine alte Frau an und fragte nach seinem Kummer. Bereitwillig erzählte er ihr alles,

was passiert war. Nachdem er geendet hatte, gab ihm die Frau ein Kupferstück und sagte: »Kaufe davon Spangen, Spiegel und Kämme und biete sie vor dem Palasttor feil. Es sind Dinge, die den vornehmen Damen aus dem Palast gut gefallen. Vielleicht triffst du ja so deine Frau.« Der junge Mann bedankte sich tausendmal und tat, was die alte Frau ihm geraten hatte.

Der Fürst hatte unterdessen nichts unversucht gelassen, um die junge Frau dazu zu bringen, ihn sofort zu heiraten. Aber sie sprach: »Wozu die Eile, mein Fürst, schließlich habe ich Euch mein Wort gegeben. Bitte habt Geduld und lasst mich noch ein wenig allein!«

Der Fürst gab ihrer Bitte nach, doch das Warten wurde ihm bald zu lang und so beschloss er, auf die Jagd zu gehen.

Kaum hatte er mit seinen Gefolgsleuten den Palast verlassen, ging die junge Frau zum Tor, um sich das Treiben auf der Straße anzusehen. Da hörte sie einen Händler, der lautstark seine Waren anpries und dessen Stimme sie sehr an die ihres Mannes erinnerte. Also befahl sie den Wachen, das Tor zu öffnen, und lief hinaus, um nach dem Händler Ausschau zu halten. Ihr Herz hüpfte vor Freude, als sie entdeckte, dass es tatsächlich ihr Mann war, der da mit einem Bauchladen stand und geschäftig seine Waren anbot.

Schnell lief sie zu ihm hin und flüsterte ihm hinter ihrem Fächer zu: »Erschrick nicht, gib dich nicht zu erkennen und hör gut zu! Ich bin es, deine Frau! Hier hast du zwei Goldstücke. Geh morgen damit zum Stallmeister des Fürsten und kauf ihm zwei Pferde ab. Übermorgen, sobald es dunkel wird, versteckst du dich mit den Pferden hinter der Hibiskushecke, die neben der Pa-

lastmauer wächst, und wartest dort auf mich!«
Dann kaufte sie eine Spange und lief in den Palast
zurück.

Am nächsten Tag wartete sie voller Ungeduld
darauf, dass der Fürst seine Männer zur Jagd
zusammenrief und davonritt. Sobald er den Palast verlassen hatte, ging sie zu den fürstlichen
Stallungen, wählte die zwei besten Pferde aus
und befahl dem Stallmeister, sie auf dem Markt
zu verkaufen. Als der junge Mann den Bediensteten des Fürsten mit den zwei edlen Pferden
heranreiten sah, zückte er sogleich die Goldstücke und kaufte ihm die Tiere ab.

Die Zeit schien stillzustehen, doch schließlich
brach die Nacht des dritten Tages an. Sobald es
dunkel geworden war, führte er die Pferde zu
dem Versteck und wartete auf seine Frau.

Die Aufregungen der letzten Tage hatten den
jungen Mann jedoch so erschöpft, dass er kaum
noch die Augen offen halten konnte. Er tat sein
Bestes, um wach zu bleiben, doch schließlich
schlief er ein.

Zwei Herumtreiber, die ihn schon eine Weile
beobachtet hatten, ergriffen die Gelegenheit
beim Schopf und nahmen ihm die Pferde weg.

»Geh du zurück zum Gasthaus und hol unsere
Sachen. Ich warte hier auf dich«, sagte der Grö-
ßere der Strolche und bestieg eins der Pferde.
Während er auf seinen Kumpan wartete, erschien die junge Frau auf der Mauer. In der
Annahme, der Reiter sei ihr Ehemann, sprang sie
auf den Rücken des Pferdes, gab dem anderen
einen Schlag mit dem Zügel und schon ritten
beide in gestrecktem Galopp durch das Stadttor
hinaus in die Nacht.

Es dauerte nicht lange, bis sich der Herumtreiber

von seinem Schrecken erholt und das Mädchen
seinen Irrtum bemerkt hatte. Der Strolch, der
glaubte, ein leichtes Spiel zu haben, griff der
jungen Frau in die Zügel und sagte mit drohen-
der Stimme: »Du bist in meiner Hand, wenn du
nicht mit mir kommst, so wird es dir schlecht
ergehen!«

Das kluge Mädchen ging scheinbar auf die For-
derung ein und sprach mit schmeichelnder Stimme: »Du scheinst mir ein stattlicher und mutiger
Mann zu sein. Leider hast du keine Haare und
das stört mich sehr. Aber ich weiß ein Mittel
gegen deine Kahlköpfigkeit und werde dich gerne heiraten, sobald dir wieder Haare gewachsen
sind!«

Als der Strolch das hörte, willigte er begeistert
ein. Das Mädchen aber machte sich sogleich
daran, stechende Nesseln zu pflücken und diese
zu einer Paste zu zermahlen. Sobald sie damit
fertig war, rief sie den Mann zu sich und sprach:
»Beuge nur deinen Kopf nach vorne, damit ich
dich einreiben kann.«

Bereitwillig, in der Erwartung eines vollen Haar-
schopfes, tat er, wie ihm geheißen wurde. Kaum
war sie fertig, da schrie der Strolch auf und
versuchte, sich die Paste abzuwischen. Aber je
mehr er rieb, desto stärker juckte es. Das kluge
Mädchen zögerte nicht, sondern sprang aufs
Pferd und ritt davon, während der Strolch immer
noch verzweifelt versuchte, das Teufelszeug los-
zuwerden.

Sie war noch nicht lange unterwegs, da traf sie im
Morgengrauen auf vier Jäger. Kaum hatten sie
die schöne Frau erblickt, begannen sie sich darum zu streiten, wer sie besitzen sollte. »Was
nützt euer Streit«, gab das kluge Mädchen zu

bedenken, »es kann sowieso nur einer mein Ehemann werden und das soll der Beste und Schnellste von euch sein. Ich werde vier Pfeile abschießen und derjenige, der mir zuerst seinen Pfeil wiederbringt, soll mein Mann sein!«

Begeistert stimmten die Männer zu. Sie waren auf ihrer Jagd nach den Pfeilen kaum zwischen den Bäumen verschwunden, da gab die junge Frau ihrem Pferd die Sporen und ritt davon.

Zur Mittagszeit traf sie auf vier Spieler, die ebenfalls sogleich begannen, sich um das schöne Mädchen zu streiten. »Haltet ein und streitet euch nicht, ich möchte euch einen Vorschlag ma-

chen!«, rief das kluge Mädchen listig. »Wie ich sehen kann, seid ihr allesamt stattliche, trinkfeste Männer, die einiges vertragen können. Derjenige von euch, der einen Krug voll Wein auf einen Zug austrinken kann, der soll mein Ehemann werden.« Geschmeichelt ließen sich die vier Trunkenbolde nicht zweimal bitten und tranken ihre Weinkrüge in einem Satz bis zur Neige aus. Da sie aber den ganzen Morgen in der heißen Sonne gelegen hatten, stieg ihnen der Wein sofort in den Kopf und sie fielen betrunken zu Boden. Das kluge Mädchen jedoch sprang aufs Pferd und galoppierte davon.

»Wenn ich weiterhin als Frau alleine unterwegs bin, werde ich nichts als Ärger haben«, sagte sie zu sich und beschloss, als Mann verkleidet ihren Weg fortzusetzen. So war sie einige Tage unbehelligt geritten, als sie in eine Stadt kam, deren Straßen von Menschen überfüllt waren. Als sie auf dem Marktplatz ankam, hörte sie, dass der alte König gestorben sei und seine Gefolgsleute in Kürze seinen Falken freilassen würden.

»In unserem Königreich wird getreu einer alten Tradition derjenige neuer König, auf dessen Schulter der Falke des verstorbenen Herrschers landet«, erklärte ihr ein Händler.

Neugierig geworden, stieg das junge Mädchen vom Pferd, um dem Spektakel beizuwohnen. Der Falke wurde unter großem Jubel vom höchsten Turm des Palastes aus freigelassen. Er kreiste mit langsamen Flügelschlägen über der Menge, flog bald hierhin und bald dorthin. Die Menschen riefen und versuchten, den Vogel anzulocken, aber der Falke zog unbeeindruckt weiter seine Kreise. Plötzlich stieß er hinab und landete auf der Schulter des klugen Mädchens. Mit allen Mitteln versuchte sie, die Gefolgsleute des Königs davon zu überzeugen, einen anderen für dieses Amt auszuwählen. Aber die Beamten wollten nichts davon hören, sondern legten ihr den Königsmantel um. So kam es, dass das kluge Mädchen zum König wurde und somit sogar mächtiger war als der Fürst, der sie geraubt und der all ihr Unglück verschuldet hatte.

»Wenn es mir bestimmt ist, euer König zu sein«, erklärte sie den Ministern, »so will ich auch ein guter König sein. Bringt also die weisesten Lehrer zu mir, damit sie mir alles beibringen, was ich wissen muss.«

Das Mädchen lernte schnell und ging gewissenhaft ihren Aufgaben nach und bald kamen viele Menschen, die sich von dem neuen Herrscher Rat und Hilfe erhofften. So kam es, dass eines Tages vier Jäger um eine Audienz baten.

»Wir suchen eine Frau, die uns betrogen hat! Erst hat sie uns versprochen, den Schnellsten und Besten von uns zu heiraten, dann hat sie vier Pfeile abgeschossen, die wir ihr bringen sollten. Aber als wir wieder zurückkamen, war sie verschwunden!«

»Und damit nicht genug«, sagte der König und ließ alle vier ins Gefängnis werfen.

Bald darauf trafen die vier Spieler am Königshof ein. Auch sie baten um eine Audienz. »Majestät«, sprachen sie und verbeugten sich, »diese Frau, die wir getroffen haben, hat uns an der Nase herumgeführt und uns lächerlich gemacht. Außerdem hat sie ihr Versprechen gebrochen und sich einfach aus dem Staub gemacht!«

»Und damit nicht genug«, sagte der König auch dieses Mal und befahl, sie allesamt ins Gefängnis zu werfen.

Schließlich kam ein Fürst, um den König um Rat zu bitten. Das kluge Mädchen hatte seine Ankunft vom Fenster aus beobachtet und in dem Fürsten den Mann wieder erkannt, der sie entführt und in seinem Palast gefangen gehalten hatte. Sie entschied, den Fürsten nicht vorzulassen, sondern befahl ihrem Minister, ihn nach seinem Begehr zu fragen. Als der Minister zurückkehrte, berichtete er: »Der Fürst ist auf der Suche nach einer jungen Frau. Er sagt, sie habe ihn bestohlen und sei dann aus seinem Palast geflohen!« Da befahl das Mädchen, auch ihn ins Gefängnis zu werfen. Der Minister wunderte

sich zwar über diese Entscheidung, aber tat, was
ihm der König befohlen hatte.

Viele Wochen vergingen, bis eines Tages der
Minister zum König kam und fragte: »Majestät,
draußen vor dem Tor steht ein armer, zerlumpter
Mann, der auf der Suche nach seiner Frau ist. Soll
ich ihn auch gleich ins Gefängnis werfen lassen?«
Als das kluge Mädchen das hörte, lief sie ans
Fenster und erkannte ihren Ehemann, der müde
und verzweifelt vor dem Tor stand. Sogleich
hüpfte ihr Herz vor Freude und sie befahl:
»Bringt ihn zu mir, ich will hören, was er mir zu
sagen hat!«

Als der junge Mann vor ihr stand, senkte er
demütig die Augen und sprach unter Tränen:
»Majestät, ich bin nur ein einfältiger Mann und
weiß mir keinen Rat mehr. Meine Frau ist vom
Fürsten geraubt worden und ihre Flucht ist
durch meine Dummheit gescheitert. Ich habe
landauf, landab nach ihr gesucht, aber ich kann
sie nicht wiederfinden.«

Als das Mädchen den Kummer ihres Mannes sah, wurde es ihr ganz schwer ums Herz und sie fragte ihn: »Gibt es denn etwas, an dem wir deine Frau bestimmt wieder erkennen können?«

»Ja«, antwortete der Mann, »sie hat einen Leberfleck in Form einer Bohne auf ihrer Schulter.«

»Sieht der Leberfleck vielleicht so aus?«, fragte das Mädchen und entblößte ihre Schulter.

Als der Mann erkannte, dass der König seine Frau war, weinte er vor Glück noch mehr und wollte zu ihr laufen, um sie zu umarmen.

Doch das kluge Mädchen hielt ihn zurück und flüsterte: »Vorsicht, keiner darf erfahren, dass ich eine Frau bin. Der einzige Weg, wie wir zusammenleben können, ist, dass du dich als Frau verkleidest. Hier sind fünf Goldstücke. Kauf dir davon ein seidenes Gewand und feine Schuhe und warte morgen im Teehaus auf mich!«

Am nächsten Tag erklärte sie ihrem Minister: »Ich möchte unter Menschen gehen, denn ich habe beschlossen, mir eine Frau zu suchen!«

Sogleich wies der Minister die Bediensteten an, die prächtigste Sänfte bereitzustellen. Sobald die Träger durch das Palasttor geschritten waren, befahl das kluge Mädchen, sie zum Fluss zu bringen, in dessen Nähe sich das Teehaus befand. Wie verabredet, saß dort bereits ihr Mann – in Frauenkleidern, hinter einem Fächer versteckt, und wartete. Als die Träger die Sänfte am Teehaus vorbeitrugen, befahl ihnen das Mädchen anzuhalten.

»Seht ihr die junge Frau mit dem Fächer, die dort am Fenster sitzt?«, fragte sie den Minister. »Bringt sie in den Palast, denn ich denke, sie ist es, die ich heiraten möchte!«

Kurze Zeit später war die Hochzeit, die mit allem Prunk gefeiert wurde. Kein einziger Beamter im Hofstaat hatte die Scharade der beiden bemerkt und so nutzte das kluge Mädchen die nächsten Wochen, um ihrem Mann alles beizubringen, was man als König wissen musste. Dann tauschten sie die Kleider. So wurde er zum König und sie zur Königin. Die Minister freilich waren sehr verwundert über ihren König, der mit einem Mal ganz anders aussah und auch eine viel tiefere Stimme hatte. Sie hatten gerade ihre Köpfe zusammengesteckt, um über die eigenartigen Veränderungen ihres Herrschers zu tuscheln, als sie die Glocke hörten, die der höchste Minister nur bei den wichtigsten Anlässen läuten durfte.

Als sie am Palast ankamen, hatte sich unter dem Balkon des Königs bereits eine riesige Menschenmenge versammelt. Die Tür öffnete sich und das kluge Mädchen trat hinaus und rief: »Ich werde euch nun eine Geschichte erzählen. Hört gut zu!« Und dann erzählte sie dem staunenden Volk und den Ministern, was ihr widerfahren war. Die Menschen empfanden tiefes Mitgefühl für das Mädchen und verlangten lautstark, dass die Übeltäter bestraft würden. Das Mädchen aber rief: »Nein, die Trunkenbolde sollen freigelassen werden, sofern sie versprechen, fortan nichts Unredliches mehr zu tun. Das Gleiche soll für die vier Jäger gelten. Der Fürst jedoch soll dafür, dass er ein Mädchen geraubt und eingesperrt hat, aus unserem Land verjagt werden!«

So kam es, dass aus dem armen, aber klugen Mädchen eine Königin wurde und aus ihrem Ehemann, der zwar einfältig, aber gutherzig war, durch ihren Rat und Beistand ein gerechter, verehrter König.

Der Sohn des alten Kriegers

In einer Zeit, in der es in China noch viele kleine Königreiche gab, deren Herrscher nichts Besseres zu tun hatten, als sich gegenseitig zu überfallen und Kriege anzuzetteln, lebte einst ein armer Bauer mit seiner Frau. Die Menschen auf dem Land litten große Not, da die kriegführenden Armeen Jahr für Jahr ihre Felder verwüsteten. So kam es, dass der junge Mann eines Morgens, nachdem er vom Feld zurückgekommen war, zu seiner Frau sprach: »Die Truppen des Königs sind heute im Morgengrauen an unserem Dorf vorbeigezogen und haben unsere Ernte zerstört. Nun bleibt mir nichts anderes übrig, als Soldat zu werden, wenn wir nicht verhungern wollen.«

Als die junge Frau dies hörte, fing sie an zu weinen.

»Wein doch nicht, mein Herz«, versuchte sie der junge Mann zu trösten, »länger als ein Jahr werde ich nicht fortbleiben und wenn ich wiederkomme, wollen wir eine Familie gründen!«

Und so machte er sich am nächsten Morgen in aller Frühe auf den Weg. Seine Frau stand noch lange vor der Hütte und blickte ihrem Mann nach. »Bis zum nächsten Jahr«, rief er ihr zu und winkte, dann war er hinter einem Hügel verschwunden.

Doch aus einem Jahr wurden zwei und als das zweite Jahr vorbei war, bekam die junge Frau Nachricht, dass ihr Mann mit der Armee des Königs in den Krieg gezogen sei. Auf diesen Krieg folgte ein anderer und die Jahre strichen dahin. Als ihr Ehemann schließlich zurückkehrte, hatte er längst die Lebensmitte überschritten und auch ihr Haar war grau geworden.

»Dein halbes Leben warst du fort«, machte sie ihm Vorwürfe, »jetzt sind wir zu alt, um eine Familie zu gründen. Wer soll uns nun im Alter ernähren, wenn wir keinen Sohn haben?«

»Lass uns morgen zu den Grabhügeln gehen und unsere Ahnen um Hilfe bitten«, schlug der alte Krieger vor. Die Frau war einverstanden und sobald am nächsten Tag die Sonne über den Hügeln erschien, machten sich die beiden Alten auf den Weg.

Wie groß war die Freude der Frau, als sie einige Wochen später mit Gewissheit wusste, dass sie ein Kind erwartete! Doch das Kind, das sie kurze Zeit später zur Welt brachte, glich mehr einer Kröte als einem Menschen, so hässlich war es. Es war jedoch äußerst klug und gelehrig und es dauerte keine drei Monate, bis es sprechen und laufen konnte.

»Unser Sohn ist wahrlich keine Schönheit«, sagte der alte Krieger, als er in den Korb blickte, in dem die kleine Kröte schlief, »doch er ist unser Kind und wir werden für ihn sorgen, wie es sich für einen Vater und eine Mutter gehört!«

Und das taten sie, auch wenn alle im Dorf sich hinter ihrem Rücken das Maul zerrissen und sich über das Krötenkind lustig machten.

Als es fünf Jahre alt war, hüpfte es seinem Vater auf den Schoß und sprach: »Ich habe den Dorfschreiber beim Lesen und Schreiben beobachtet, das möchte ich auch lernen!«

Der alte Krieger versuchte zunächst, seinem Sohn diesen Wunsch wieder auszureden, aber als er sah, dass sich der Kleine nicht umstimmen ließ, bestellte er einen Hauslehrer, der seinen Sohn unterrichten sollte. Es war noch kein halbes Jahr vergangen, da konnte der Lehrer dem Krötenkind schon nichts mehr beibringen. Darum bat das Kind den Vater, ihn in die Kunst des Schwertkampfes einzuweisen.

»Mein Sohn«, erwiderte der alte Krieger, »ich weiß, dass du außergewöhnlich klug und gelehrig bist, aber ich wüsste nicht, wie du jemals mit dem Schwert kämpfen könntest. Es ist viel zu groß und zu schwer für dich!«

Doch der Krötensohn ließ sich um nichts in der Welt von seinem Wunsch abbringen und so willigte der alte Mann schließlich ein. Natürlich war das Schwert viel zu groß und zu schwer, doch der Krötensohn gab nicht auf, sondern übte Tag und Nacht, bis er all das beherrschte, was man als guter Schwertkämpfer wissen muss.

Die Jahre vergingen und der Krötensohn wuchs heran und wurde erwachsen, doch er blieb hässlich wie eh und je. So kam es, dass er keine Freunde hatte und stets allein unterwegs war.

Eines Tages kam er auf seinem Streifzug an einen Weiher, der inmitten eines wunderschönen Gartens lag. Er wollte gerade hineinspringen, als er das helle Lachen junger Mädchen hörte. Schnell

hüpfte er ins hohe Schilf und versteckte sich im seichten Wasser.

Kaum war er untergetaucht, kam auch schon eine Gruppe junger Mädchen angelaufen. Es war die Prinzessin Yu Hua, die mit ihren Zofen zum Weiher unterwegs war.

»Sie ist noch schöner, als die Leute sagen«, seufzte der Krötensohn in seinem nassen Versteck, als er die junge Frau beobachtete, wie sie anmutig die perlmuttenen Nadeln aus dem Knoten zog und ihr lackschwarzes Haar wie ein glänzender Wasserfall über ihre zarten Schultern fiel.

»Nun kommt schon«, rief sie den anderen zu, dann setzte sie sich ans Ufer, warf ihre zierlichen Seidenpantöffelchen achtlos ins Gras und tauchte unter lautem Gekicher der Zofen ihre nackten Füße ins Wasser. Plötzlich drehte sie unverhofft ihren Kopf und entdeckte den Krötensohn, der nicht mehr schnell genug untertauchen konnte, im Schilf. Zutiefst erschrocken stieß sie einen spitzen Schrei aus.

Doch der Krötensohn richtete sich auf und sprach: »Liebliche Yu Hua, ich möchte Euer Herz gewinnen«, und verbeugte sich tief.

Als die Zofen dies hörten, brachen sie in schallendes Gelächter aus. »Teure Yu Hua, es sieht so aus, als ob diese widerliche Kröte Euch einen Heiratsantrag machen will. Seid nicht zu voreilig und überlegt es Euch gut, bevor Ihr einwilligt!« So machten sie sich über den Sohn des alten Kriegers lustig.

»Ich werde darüber nachdenken«, antwortete die Prinzessin lachend, denn trotz seiner hässlichen Gestalt hatte der Krötensohn etwas, das sie zögern ließ, ihn einfach so abzuweisen.

Als er die Antwort der Prinzessin gehört hatte, verbeugte er sich nochmals und sprang frohen Herzens nach Hause.

Kurze Zeit später fiel die Armee des benachbarten Königreiches überraschend in das Land ein und richtete entsetzliche Verwüstungen an. Yu Huas Vater, der König, rief seine tapfersten Männer zur Verteidigung seines Landes herbei, doch die Übermacht des Feindes war zu groß und das Königreich schien verloren. In seiner Verzweiflung ließ er überall im Land Anschläge anbringen und verkünden, dass er demjenigen, dem es gelänge, die Feinde zu vertreiben, die Prinzessin zur Frau geben würde. Doch so groß diese Verlockung auch war, angesichts des blutrünstigen feindlichen Heeres verließ alle der Mut.

Einzig und allein der Krötensohn ließ sich nicht abschrecken, sondern kroch auf einen Stein und rief: »Ich werde in die Schlacht ziehen und nicht eher zurückkommen, bis der letzte Feind tot am Boden liegt!«

Dem König passte es überhaupt nicht, dass es eine Kröte war, die behauptete, das Land retten zu können. Aber da sich sonst niemand gemeldet hatte, blieb ihm schließlich nichts anderes übrig, als dem Krötensohn das Kommando über seine letzten drei Armeen zu übertragen.

Am Abend vor der Schlacht rief der neue Befehlshaber seine Truppen zusammen und

34

sprach: »Morgen wird es zum entscheidenden Kampf kommen. Bleibt hinter mir und vertraut auf mich und auf euren Mut, dann werden wir siegen!«

Als der neue Tag anbrach, ritten sie den feindlichen Reihen entgegen. Sobald sie sich ihnen auf Sichtweite genähert hatten, befahl der Sohn des Kriegers seinen Soldaten zu warten und ritt alleine auf den feindlichen Befehlshaber zu. Als dieser sah, dass statt eines Generals nur eine unförmige Kröte im Sattel saß, konnte er sich vor Lachen kaum halten. Dies nutzte der Krötensohn aus und stieß ihn mit seiner Lanze vom Pferd, sprang zu Boden und schlug ihm mit dem Schwert den Kopf ab.

Als die feindlichen Truppen sahen, dass ihr Führer tot am Boden lag, rissen sie die Pferde herum und versuchten zu fliehen. Doch der Krötensohn nahm mit seiner Armee die Verfolgung auf und vertrieb die Feinde bis auf den letzten Mann.

Als der König von dem Sieg seiner Armee hörte, fiel ihm sein Versprechen wieder ein und er überlegte, wie er den Sohn des Kriegers um seine Belohnung bringen könnte.

»Ich kann mein armes Kind unmöglich mit so einer widerlichen Kröte verheiraten. Außerdem könnte ich seinen Anblick nicht ertragen, wenn er hier im Palast herumkriecht«, sprach er zu seinem Minister, »also bringt den alten Krieger und seinen Sohn her, ich will mit dem Vater sprechen.«

In dem sicheren Glauben, dass Yu Hua einer Hochzeit niemals zustimmen würde, erklärte der König dem Alten, als dieser mit ehrfürchtig gebeugtem Haupt vor ihm stand: »Sieh selbst, wie hässlich dein Sohn ist. Auch wenn er unser Reich gerettet hat und ihm die Prinzessin zusteht, wirst du sicher einsehen, dass ich sie in solch einem Fall fragen muss, ob sie diese Ehe tatsächlich eingehen will!« Also ließ er Yu Hua rufen. Doch die Prinzessin hatte sich an die Begegnung am Weiher erinnert und in ihren Augen war der Krötensohn kein widerliches Ungeheuer, sondern ein großer Held, der ihre Heimat von dem Joch des Feindes befreit hatte, und so willigte sie zum großen Entsetzen ihres Vaters in die Ehe ein.

Als die Neuigkeit bekannt wurde, machte sich der Hofstaat eilig daran, alles für die prunkvolle Hochzeit vorzubereiten. Das Volk jubelte, als Yu Hua, über und über mit kostbarem Schmuck behängt, in ihrer roten Sänfte durch die Straßen

35

der Hauptstadt getragen wurde. Ein Orchester aus Trommeln und Flöten begleitete sie, und die Menschen warfen Feuerwerkskörper und Münzen in die Luft, um dem jungen Paar Glück zu wünschen.

Als die beiden abends endlich allein in ihren Gemächern waren, bat der Krötensohn seine liebliche Ehefrau, das Licht zu löschen. Sobald es dunkel war, öffnete er die Krötenhaut und trat als stattlicher junger Mann vor die Prinzessin hin. Vor dem ersten Sonnenstrahl am nächsten Morgen streifte er die Haut jedoch wieder über und verließ, hässlich wie eh und je, seine Gemächer. Die Prinzessin aber konnte die Neuigkeit nicht für sich behalten und lief zu ihrer Mutter. »Ich habe etwas erlebt, das ich dir unbedingt erzählen muss, aber du darfst es keinem Menschen weitersagen«, rief sie außer sich vor Freude, als sie mit wehendem Haar in die königlichen Gemächer gestürmt kam. »Stell dir vor, unter der hässlichen Krötenhaut verbirgt sich ein stattlicher junger Mann! Gestern Nacht hat er die Haut abgelegt, und ich konnte sehen, wie er wirklich aussieht!« Überglücklich über diese Nachricht schloss die Königin ihre Tochter in die Arme und begleitete sie in ihre Gemächer zurück.

Der alte König, der eitel und selbstverliebt war, hatte alles mit angehört und sagte zu sich: »Was dieses Krötenvieh kann, kann ich schon lange. Warum soll nur er jung und stattlich sein? Ich bin es leid, immer älter und hässlicher zu werden. Heute Nacht werde ich die Haut stehlen und überstreifen, dann werden wir ja sehen, was aus mir wird!«

Ungeduldig wartete er darauf, dass es Abend wurde. Sobald sich das junge Paar für die Nacht

zurückgezogen hatte, schlich der König in die Gemächer der Neuvermählten und stahl die Haut. Eilig lief er in einen abgelegenen Teil des Palastgartens und streifte sie über.

»Ha, sie passt wie angegossen! Morgen früh werde ich mich nicht mehr wieder erkennen«, plapperte der eitle König vor sich hin, während er wie närrisch zwischen den Azaleenbüschen umherhüpfte. Als die ersten Strahlen der Morgensonne die Palastmauern in goldenes Licht tauchten und die mächtigen roten Türme wie Rubine glitzerten, wollte der König die Haut wieder abstreifen, aber zu seinem großen Entsetzen stellte er fest, dass es nicht ging. Sie war über Nacht an ihm festgewachsen. Es half nichts, sosehr er auch zerrte und zog, sie blieb an ihm kleben.

So kam es, dass der eitle König, der sich über den Krötensohn lustig gemacht hatte, selbst zu einer hässlichen Kröte wurde. Und da er seine eigene Hässlichkeit nicht ertragen konnte, hüpfte er an den Wachen vorbei durch das Osttor des Palastes und verschwand auf Nimmerwiedersehen im Wald. Die liebliche Prinzessin Yu Hua aber lebte mit ihrem Mann, der jetzt keine Kröte mehr war, glücklich und zufrieden bis an das Ende ihrer Tage.

Der Kuhhirt und die Spinnerin

Es lebte einst ein junger Mann, der sein Auskommen damit verdiente, dass er die Kuh eines Bauern hütete. Nun gilt dies gemeinhin nicht als eine Aufgabe, bei der sich besondere Anstrengung lohnt, aber der Hirte hatte seine Kuh sehr gern und deshalb führte er sie nur auf die saftigsten Wiesen und tat auch sonst alles, damit es ihr wohl erging. So kam es, dass ihr Fell weich und seidig und ihre Flanken nicht dürr und knochig wie bei den anderen, sondern rund und wohlgenährt waren.

Eines Tages, als der junge Hirte die Kuh an eine Stelle geführt hatte, wo das Gras besonders saftig und wohlschmeckend war, kam die Kuh zu ihm herübergelaufen, stupste ihn sanft mit ihrer weichen Nase an und sprach: »Du bist immer gut zu mir gewesen, lass mich dir dafür danken. Was hältst du davon, ein liebliches junges Mädchen zur Frau zu nehmen?«

»Ach, das täte ich von Herzen gern«, seufzte der junge Bursche, »aber welches Mädchen will schon einen Kuhhirten zum Mann!«

»Das hängt von dir ab. Wenn du alles mir überlässt und keine Fragen stellst, will ich dir helfen, dein Glück zu finden«, versprach ihm die Kuh und trottete davon.

Als das nächste Mal der volle Mond am Himmel stand, weckte die Kuh den jungen Mann, der unter einer Weide lag und schlief. »Wach auf! Heute ist der Siebenabend! Steig schnell auf meinen Rücken, damit ich dich zum Himmelssee tragen kann!«

»Der Siebenabend? Zum Himmelssee?«, fragte der Hirte verschlafen. »Was soll ich denn da, und wie sollen wir denn dorthin kommen?«

»Steig einfach auf und halte dich gut an meinen Hörnern fest, dann wird dir nichts passieren«, erwiderte die Kuh ungeduldig und scharrte mit den Hufen. Der junge Mann stieg auf und sogleich lief die Kuh los. Der Wind pfiff ihm um die Ohren, so dass ihm ganz schwindelig wurde, und als er hinunterblickte, stellte er erschrocken fest, dass sie durch die Luft flogen.

»Hilfe, wo willst du denn mit mir hin«, schrie er voller Angst.

»Zum Himmelssee, das habe ich dir doch schon gesagt. Und nun halte dich gut fest, denn gleich sind wir da«, beruhigte ihn die Kuh.

Und tatsächlich, kurze Zeit später waren sie an dem verzauberten Ort angekommen. Der Hirte traute seinen Augen nicht, so schön war alles anzusehen. Die Schilfgräser am Ufer waren aus hauchdünnen Goldplättchen und die Blätter der Zypressenbäume, die aus grün geschliffenem Kristall waren, klingelten leise im Wind. Staunend lief der junge Mann hinter der Kuh her.

»Beeil dich ein bisschen«, rief sie ihm zu, »am Siebenabend kommen die Töchter des Himmelsfürsten stets hierher, um zu baden. Wir wollen sie nicht verpassen!«

»Die Töchter des Himmelsfürsten?«, fragte der Kuhhirte verwirrt.

Die Kuh schnaubte ärgerlich durch die Nase. »Was glaubst du denn, warum du hier bist? Ich will dir helfen, das Herz der siebten Tochter des Himmelsfürsten, die übrigens auch die Hübscheste von allen ist, zu gewinnen. Sie wird die Spinnerin genannt, weil sie die Wolkenseide für die Himmelskönigin spinnt und die Näharbeiten der Mädchen auf der Erde überwacht. Gelingt es dir, sie zur Frau zu nehmen, erlangst du Unsterblichkeit.«

»Aber wie soll mir das denn gelingen?«, rief der Bursche. »Ich bin nur ein Bauerntölpel. Wieso sollte ein so edles Fräulein mich zum Mann haben wollen? Das Beste wird sein, wir vergessen das Ganze und du bringst mich auf die Erde zurück!«

»Nicht so schnell, nicht so schnell«, beschwichtigte ihn die Kuh, »es wird alles seinen Gang gehen, sei unbesorgt. Wenn du tust, was ich dir sage, kann gar nichts schief gehen. Also, hör gut zu: Wenn du die Mädchen kommen siehst, versteckst du dich am Ufer. Das Mädchen mit den roten Kleidern ist die Spinnerin. Sobald alle ins Wasser gestiegen sind, stiehlst du ihre Kleider. Lass dich nicht beirren und gib sie ihr erst zurück, wenn sie dir versprochen hat, dich zu heiraten!«

Der Kuhhirte versprach, sich alles gut zu merken, und versteckte sich im Schilf. Schon bald hörte er das Lachen der jungen Mädchen, die ausgelassen am Ufer entlangliefen. Als sie an einer seichten Stelle angekommen waren, zogen sie ihre

Kleider aus und stiegen ins Wasser. Nachdem sie sich ein Stück vom Ufer entfernt hatten, kam der junge Mann aus seinem Versteck hervor, griff unter lautem Geschrei der Mädchen das Bündel mit den roten Kleidern und lief weg.

Eilig schwammen die sechs anderen Töchter des Himmelsfürsten ans Ufer zurück, schlüpften in ihre Kleider und liefen davon.

»Gib mir sofort meine Kleider wieder, was fällt dir ein!«, rief die Siebte, die als einzige noch frierend im Wasser saß.

»Nur, wenn du mich heiratest«, erwiderte er.

»Das wäre ja noch schöner«, rief das Mädchen ärgerlich, »was sollte ich denn für einen Grund haben, so einen Rüpel wie dich zu heiraten. Du weißt wohl nicht, wen du vor dir hast!«

»Doch, du bist die siebte Tochter des Himmelsfürsten und wirst die Spinnerin genannt«, erwiderte der Kuhhirte, »außerdem bist du wunderschön. Es tut mir leid, dass du böse auf mich bist. Aber die Kuh hat gesagt, dass ich dir die Kleider wegnehmen soll.«

»Das ist richtig«, warf die Kuh, die nun auch ans Ufer gekommen war, beschwichtigend ein, »es ist meine Schuld, denn eigentlich hat dieser junge Mann sehr gute Manieren und, was noch wichtiger ist, ein gutes Herz. Er ist zwar arm, aber ich kann dir versichern, dass er dich immer lieb haben und immer an dich denken wird. Nimm ihm sein Handeln bitte nicht so übel.«

Das junge Mädchen betrachtete den Kuhhirten verstohlen und stellte fest, dass er ihr sehr gut gefiel. Auch hatten sie die Worte der Kuh milde gestimmt.

»Also gut«, willigte sie ein, »aber jetzt will ich meine Kleider!« Froh über ihre Zustimmung

legte der junge Mann die Kleider auf einen Stein und wartete ein Stück abseits. Es dauerte nicht lange und das Mädchen kam zu ihm herübergelaufen.

»Du musst mir alles von dir erzählen«, sagte sie, während sie ihr langes Haar mit einem seidenen Schal trocknete.

Der Kuhhirte führte sie zu einer kleinen Lichtung, auf der sie sich niedersetzten. Er nahm ihre Hände und erzählte ihr von sich und vom Leben unten auf der Erde und davon, wie glücklich er war, dass er sie gefunden hatte. So saßen die beiden, bis die Morgensonne alles in rotes Licht tauchte.

Als die Sonnenstrahlen die Lichtung erhellten, sprang das Mädchen eilig auf. »Ich muss dich jetzt verlassen«, sagte sie traurig, »mein Vater hat mir befohlen, neue Wolkenseide für meine Mutter zu spinnen, aber ich komme wieder!« Und mit diesen Worten lief sie eilig davon.

»Bitte geh nicht«, flehte der Kuhhirte und rannte hinter ihr her, »wir haben uns doch erst kennen gelernt!«

»Ich weiß, mein Liebster«, erwiderte das Mädchen, das mit Tränen in den Augen im Lauf innegehalten hatte, »aber es ist uns so bestimmt!« Dann drehte sie sich um und verschwand zwischen den Nebelschwaden, die sich über die Lichtung gelegt hatten.

»Warte doch, lass mich nicht allein!«, rief ihr der junge Mann hinterher und lief ihr nach.

»Du musst zurückbleiben! Mein Vater, der Himmelsfürst, duldet keinen Ungehorsam!«, rief das Mädchen ihm zu.

Doch als sie sah, dass er nicht stehen bleiben würde, löste sie voller Verzweiflung eine silberne Haarnadel aus ihrem Haar und zog damit einen Strich durch die Luft. Sogleich entstand eine Wand von funkelnden Sternen, die der junge Mann nicht durchdringen konnte, und es blieb ihm nichts anderes übrig, als weinend zurückzubleiben, während seine Liebste zwischen den funkelnden Sternen verschwand. So kommt es, dass der Kuhhirte und die Spinnerin am Himmel durch die Milchstraße, die von den Chinesen der silberne Fluss genannt wird, getrennt sind.

Nur einmal im Jahr, am siebten Tag des siebten Monats, erlaubt es der strenge Himmelsfürst, dass sie sich treffen. Dann fliegen alle Vögel hoch in den Himmel hinauf und bilden eine Brücke, damit die Spinnerin den silbernen Fluss überqueren und zu ihrem Liebsten kommen kann. Deshalb hört man an diesem Tag keinen Vogel zwitschern, sosehr man auch die Ohren spitzt. Doch ihr Glück ist nur von kurzer Dauer, denn der Vater wacht genau darüber, dass seine Tochter zurückkehrt, sobald der Abendstern zu leuchten beginnt. Aus diesem Grund regnet es so häufig am Siebenabend. Es sind die Tränen der Liebenden, die als Regen zur Erde fallen.

Das Lotosmädchen

Im fruchtbaren Tal des Jangtse-Flusses lebte einst ein einfacher Bauernbursche, der sich sein Geld damit verdiente, dass er für den reichen Dorfvorsteher die Kühe hütete. Jeden Tag trieb er die Rinder an das Ufer des mächtigen Flusses, damit sich die Tiere an dem saftigen Gras satt essen und mit dem frischen Wasser ihren Durst löschen konnten.

Eines Tages war der Bursche unter einer Weide eingeschlafen und erwachte erst, als sich bereits die kühlen Nebel der Dämmerung über dem Fluss erhoben. Da erblickte er am Ufer ein wunderschönes Mädchen. Er wollte sie ansprechen, doch bevor er etwas sagen konnte, war sie bereits leichtfüßig zwischen den Weidenbäumen verschwunden. Von diesem Augenblick an ging ihm das schöne Mädchen nicht mehr aus dem Kopf. Doch solange er auch wartete, das Mädchen zeigte sich nicht wieder.

Eines Abends jedoch erblickte er sie, wie sie scheinbar schwerelos auf den kräftigen Blättern der Seerosen über das Wasser lief. »Schönes Mädchen, pass auf, du wirst ertrinken!«, rief er voller Sorge. Doch sie lief weiter und alles, was er hörte, war ihr glockenklares Lachen, während sie im Abendnebel verschwand. Da wurde dem jungen Mann klar, dass dies kein gewöhnliches Mädchen war, sondern eine Lotosfee, eine der Töchter des Flussdrachen.

Von diesem Tag an brachte der Bursche immer Geschenke ans Ufer, um das Herz des Lotosmädchens zu gewinnen. Sie beobachtete ihn heimlich und jedesmal, wenn sie ihn zu Gesicht bekam, gefiel er ihr besser. Obwohl der Flussdrache seinen Töchtern verboten hatte, sich mit Menschen einzulassen, beschloss sie, sich zu zeigen. »Hier bin ich«, rief sie und sprang aus dem Schilf hervor.

»Wo warst du nur so lange?«, fragte der Bursche, »ich suche dich schon eine halbe Ewigkeit. Seit ich dich das erste Mal gesehen habe, kann ich nichts anderes tun als nur noch an dich denken. Mein Herr schlägt mich fast jeden Abend grün und blau und zu essen gibt er mir auch fast nichts mehr, weil er mit meiner Arbeit nicht mehr zufrieden ist. Wenn du mich nicht anhörst und nicht meine Frau werden willst, werde ich ganz sicher bald vor Hunger sterben!«

Das Lotosmädchen war ganz gerührt und erwiderte unglücklich: »Ich würde ja gerne mit dir kommen, aber mein Vater erlaubt es nicht, dass wir mit Menschen zusammen sind. Er sagt, ihr seid schlecht, und wenn eine von seinen Töchtern sich mit einem Menschen einlässt, dann darf sie nie mehr zu ihrer Familie zurück. Und ich kann doch nicht ohne meine Schwestern sein!«

»Sorg dich nicht«, tröstete sie der junge Mann, »ich werde für dich sorgen und gut zu dir sein, sodass du deine Schwestern nicht vermissen wirst!«

Das Lotosmädchen glaubte ihm und willigte schließlich ein. »Warte morgen Abend hier auf mich. Wenn die Knospen der Wasserlilien geschlossen sind, werde ich zu dir kommen«, sagte sie und verschwand in der Dämmerung.

Wie versprochen, erschien sie am nächsten Abend am Ufer. »Ich habe etwas mitgebracht, damit wir ein sorgenfreies Leben führen können«, sprach sie und zeigte ihrem Mann eine Spule mit schillernder, grüner Seide, einen Webstuhl und eine Lotosblüte von ungewöhnlicher Schönheit, die im Dunkeln zu leuchten schien.

»Was sollen wir denn damit anfangen?«, fragte der Bursche, der ein wenig enttäuscht war über die dürftige Mitgift seiner Frau.

»Dies sind keine gewöhnlichen Dinge, sondern Schätze, die ich aus der Truhe meines Vaters gestohlen habe. Der Webstuhl und die Seide werden dich reich machen und die Lotosblüte wird uns vor allen Gefahren beschützen. Führe mich nur zu unserer Hütte, dann zeig ich es dir!«, erwiderte das Lotosmädchen, und so machten sie sich auf den Weg.

Sobald sie in der ärmlichen Hütte des jungen Mannes angekommen waren, ging die junge Frau sogleich an die Arbeit. Dem Burschen fielen von dem stetigen Klipp-Klapp des Weberschiffchens schon bald die Augen zu und als er am nächsten Morgen wach wurde, hatte das Lotosmädchen ein Stück Seide, so groß wie eine Wiese, gewebt. »Das wird uns einen schönen Batzen Geld einbringen, wenn ich damit zum Markt gehe«, sagte der junge Mann zufrieden.

Doch das Mädchen erwiderte: »Nein, nein, mein Lieber, das ist kein gewöhnlicher Webstuhl, komm mit!«

Vor der Hütte legte sie die Seide auf den kargen, felsigen Boden und sogleich verwandelte er sich in eine saftige Wiese, auf der zwei kleine Zicklein grasten. Der junge Mann war überglücklich und wollte seine Frau in den Arm nehmen, aber sie

sagte: »Dafür ist jetzt keine Zeit, es gibt noch viel zu tun. Oder denkst du, dass man mit zwei Zicklein ein sorgenfreies Leben führen kann?«

So vergingen Tag um Tag und Woche um Woche und das Lotosmädchen saß unermüdlich an ihrem Webstuhl und webte. Anfangs freute es den jungen Mann, dass sein Besitz sich mehrte und er allmählich zu einem wohlhabenden Mann wurde, und er half seiner Frau, wo er konnte. Doch eines Tages sprach er: »So schnell wie du kann ich nicht arbeiten, da kann ich mich auch genauso gut ein bisschen ausruhen. Wozu haben wir denn all die schönen Dinge, wenn man vor lauter Schuften nicht dazu kommt, sie zu genießen.«

»Ruh dich nur aus, lieber Mann«, stimmte ihm das Lotosmädchen zu, »noch eine kleine Weile und ich bin mit allem fertig!«

Doch aus der kleinen Weile wurde eine große Weile und der junge Mann wurde immer unleidlicher. Schließlich tat er nichts anderes mehr, als den ganzen Tag im Schatten vor dem Haus zu liegen, während sich das Lotosmädchen von früh bis spät plagte und sich keine Ruhe gönnte.

Eines Tages kam ihr Mann zum Webstuhl und sprach: »Die Zeit wird mir lang, ich will ein wenig auf die Jagd gehen. Was soll ich hier herumsitzen und warten, bis ich ein alter Mann bin!«

»Ja, geh nur, lieber Mann«, sagte das Lotosmädchen leise, »ich komme schon allein zurecht!«

Und so kam es, dass der junge Mann immer weniger Zeit zu Hause bei seiner Frau verbrachte und sich stattdessen auf der Jagd oder beim Fischen vergnügte. Bald war ihr Rücken vom langen Sitzen am Webstuhl krumm und das angestrengte Schauen, damit ihr bei der Arbeit bloß kein Fehler unterliefe, hatte ihre wunderschönen Augen trüb und matt gemacht. Dies blieb auch ihrem Mann nicht verborgen.

»Was habe ich nur für ein altes abgearbeitetes Weib«, dachte er, als er das Lotosmädchen beobachtete, wie sie, gebückt unter der schweren Last des Seidenballens, den Hang hinaufkletterte. »Ich will wieder auf die Jagd gehen«, rief er ihr vom Haus aus zu, »es soll sich ein gewaltiger Tiger in der Gegend herumtreiben, mit dem ich es gerne aufnehmen möchte!«

Als das Lotosmädchen dies hörte, erschrak sie sehr, denn sie wusste, dass ihr Mann eher beim Geschichtenerzählen im Teehaus als draußen im Wald ein tapferer und geschickter Kämpfer war. »Warte«, rief sie daher, »bitte, geh nicht! Der Tiger ist gefährlich! Er wird dich töten!«

Der junge Mann aber lachte nur über ihre Angst und sagte listig: »Dann gib mir doch deine magische Lotosknospe, die angeblich alles Böse vertreiben soll, wenn du Angst hast!«

Das Mädchen schlug die Augen nieder. »Du weisst genau, dass ich dir die Blüte nicht geben darf«, sagte sie leise, »sie ist nicht für Sterbliche bestimmt und kann großes Unheil anrichten, wenn sie in die falschen Hände gerät.«

»Aha, dann traust du mir wohl nicht?«, erwiderte ihr Mann.

»Aber natürlich traue ich dir«, beeilte sie sich zu sagen, »hier, nimm! Aber du musst mir versprechen, die Knospe niemals aus den Händen zu geben, egal, was geschieht!«

»Mach dir keine Sorgen!«, beruhigte er sie, sprang aufs Pferd und jagte, ohne sich zu verabschieden, davon.

Das Lotosmädchen blickte ihrem Mann lange nach, dann seufzte sie tief und ging zurück an ihre Arbeit.

Der junge Mann hingegen hatte seine Frau bereits vergessen und jagte durch den Wald, dass die Äste krachten und die Tiere sich verschreckt im Dickicht verkrochen. So kam es, dass er den ganzen Tag im Wald herumstreifte, ohne auf ein einziges Tier, geschweige denn auf den Tiger, zu treffen. Als es dann auch noch anfing zu regnen, verließ ihn vollends die Lust und er suchte in einer Höhle Unterschlupf.

Er hatte es sich gerade auf seinem Reitmantel bequem gemacht, als er plötzlich ein zartes Klingeln wie von gläsernen Glöckchen zu hören glaubte. Erstaunt setzte er sich auf und erblickte im Inneren der Höhle eine wunderschöne junge Frau.

»Kommt ruhig etwas näher«, rief sie mit melodischer Stimme, »Ihr müsst bestimmt ein Prinz sein, der hier Schutz vor dem Regen sucht!« Geschmeichelt, dass die Frau ihn für einen Prinzen hielt, kam der Bursche gar nicht auf den Gedanken, sich zu fragen, was so eine edle Dame in dieser Höhle zu suchen hatte und wie sie überhaupt alleine dorthin gekommen war. Vielmehr stand er sofort auf, strich seine Kleider glatt und lief eilig zu ihr hinüber.

Es dauerte nicht lange und der junge Mann war von der schönen Frau derart in ihren Bann gezogen, dass er sein Lotosmädchen und all die Warnungen, die sie ihm mit auf den Weg gegeben hatte, vergessen hatte.

»Ich frage mich nur«, sagte die Frau listig, »wieso ein so tapferer und furchtloser Mann eine Lotosknospe mit sich herumträgt«, und zeigte mit spöttischem Lächeln auf die weißen Blütenblätter, die aus dem Wams des jungen Mannes hervorlugten.

»Ach, das ist gar nichts«, wehrte er ab, zog die Blüte achtlos heraus und warf sie vor sich auf den Boden.

»Sie ist wunderschön, darf ich sie mir einmal genauer ansehen?«, fragte sie ihn mit unschuldigem Blick.

»Besser nicht«, wehrte der junge Mann ab, dem die Warnung des Lotosmädchens wieder eingefallen war.

»Aber warum denn nicht?«, schmollte die schöne Frau, »habt Ihr etwa Angst, dass ich sie zerstöre?«

Da wollte der junge Mann nicht wie einer dastehen, der Angst hat, und dachte bei sich: »Was kann schon passieren, wenn sie sich die Blüte einmal näher betrachtet, und das Lotosmädchen

wird's schon nicht merken.« Und so gab er der schönen Frau die Lotosknospe. Doch kaum hatte sie die Blüte mit ihrem Finger berührt, fiel der junge Mann wie vom Blitz getroffen zu Boden und mit einem Knall verwandelte sich die edle Schöne in das alte hässliche Höhlenweib, das unter lautem Gekreisch durch einen Ritz in der Felswand verschwand.

Als der junge Mann wieder zu sich kam, stellte er zu seinem Entsetzen fest, dass die Frau verschwunden und der Ausgang der Höhle verschlossen war. Er saß in der Falle.

Zu Hause saß das Lotosmädchen an ihrem Webstuhl und machte sich große Sorgen, weil ihr Mann so lange fortblieb. Schließlich hielt sie es nicht mehr aus und beschloss, sich auf die Suche zu machen. Sie wanderte viele Tage, bis sie schließlich das klagende Rufen eines Menschen zu hören glaubte. Sie hielt inne und lauschte. Sie folgte dem Laut, bis sie die Höhle gefunden hatte. Als sie den Eingang schließlich freigeschaufelt hatte, fand sie ihren Mann, der ihr unter Tränen berichtete, was geschehen war.

»Wir müssen schnell von hier fliehen, bevor das Höhlenweib zurückkommt, um dich zu holen. Halte dich an meinem Rücken fest, stell keine Fragen und dreh dich nicht um, egal, was passiert, sonst bist du verloren«, erklärte sie ihrem Mann mit ernster Stimme und trieb ihn zur Eile an. »Komm schnell! Ich spüre, das Höhlenweib ist nicht mehr weit!«

Der Bursche tat, wie ihm seine Frau gesagt hatte, und schon flogen sie durch die Luft. Ihm wurde angst und bange, als er nach unten blickte und die tosenden Wipfel der Bäume unter sich vorbeiziehen sah. Plötzlich hörte er ein helles Lachen.

»Hallo, edler Prinz! Lässt du dich etwa von deiner Dienstmagd nach Hause tragen?«

»Dreh dich nicht um, es ist das Höhlenweib, sie will deine Seele haben!«, flehte das Lotosmädchen.

»Seh ich denn etwa aus wie ein altes hässliches Weib, mein Prinz? Sag mir«, spottete die Stimme, »seit wann lässt du dir von anderen befehlen, was du zu tun und zu lassen hast?«

»Wie kommt Ihr darauf? Ich lasse mir von niemandem befehlen!«, gab der junge Mann empört

zurück und dann drehte er sich um. Doch kaum hatte er den Kopf gewendet, da verließ ihn alle Kraft. Hilflos wie ein Blatt im Wind wurde er vom bösen Höhlenweib durch die Luft gewirbelt und dann von ihr auf Nimmerwiedersehen in die Tiefe gezogen.

Zurück in der Hütte, die sie mit ihrem Mann geteilt hatte, setzte sich das Lotosmädchen ermattet auf die Türschwelle und blickte in die Ferne. »Was ist nur aus mir geworden«, dachte sie traurig, als sie die silbernen Fäden in ihrem einstmals schwarzen Haar betrachtete. Sie dachte an ihre Familie und weinte bitterlich.

Am nächsten Tag stand sie in aller Frühe auf und machte sich auf die Suche nach einem geeigneten Platz, um für ihren Mann einen Gedenkstein zu errichten. »Er hat mich zwar schlecht behandelt«, sagte sie zu sich selbst, »aber dennoch ist es meine Pflicht, mich um seine Seele zu kümmern! Hier am Ufer habe ich ihn kennen gelernt. Ich will ihn so in Erinnerung behalten, wie er am Anfang war«, entschied sie und stellte die Opferschalen auf.

Von diesem Tag an kam das Lotosmädchen regelmäßig zum Flussufer, um Räucherkegel zu entzünden und frische Blumen zum Gedenkstein zu bringen.

So kam es, dass ihr Vater, der Flussdrache, sie eines Tages entdeckte. »Mein armes Kind«, sprach er zu sich, »sie so zu sehen bricht mir das Herz!« Voller Gram tauchte er hinab zu seinem Schloss, das unter den rollenden Wogen des großen Jangtse-Flusses verborgen lag, und dachte nach. »Es ist nicht recht, sie auf ewig für ihren Fehler büßen zu lassen«, entschied er schließlich. Dann schwamm er zurück ans Ufer, verwandelte

sich in einen alten Mann und wartete auf sein Lotosmädchen.

Bald sah er sie den Pfad zum Ufer hinunterlaufen. Langsam ging er ihr entgegen.

»Alter Mann, was tut Ihr denn hier? Seht Euch vor, dass Ihr nicht in den Fluss fallt!«, sprach das Lotosmädchen voller Sorge.

»Ich habe keine Angst vor dem Wasser«, erwiderte der Flussdrache, »ich bin hier, weil ich dir etwas geben möchte!« Mit diesen Worten zog er die magische Lotosblüte aus seinem Mantel und steckte sie seiner Tochter ins Haar. Kaum hatten die zarten Blütenblätter den Kopf des Mädchens berührt, so fiel aller Gram von ihr ab und sie war wieder so schön wie eh und je. Das Lotosmädchen wollte dem alten Mann danken, aber als sie sich zu ihm umdrehte, war er verschwunden. Da verstand sie, dass dies ihr Vater gewesen war und dass er ihr verziehen hatte. Überglücklich sprang sie zum Wasser hinunter und lief über die Blätter der Seerosen, die sie nun wieder trugen, hinaus auf den Fluss und ward nicht mehr gesehen.

Auf der Grabstätte des jungen Burschen aber, der dem Lotosmädchen seine Liebe so schlecht gedankt hatte, wuchsen kleine Pflanzen, die in sich zusammenfielen, sobald sich ihnen ein Mensch näherte, als ob sie vor Scham im Boden versinken wollten.

Die magische Perle

In den weiten Hochebenen Chinas, wo einst die wilden und verwegenen Reitervölker zu Hause waren, lebte vor langer Zeit ein sanftmütiger junger Mann namens Juxifu, dem der Sinn nicht nach dem rauhen Leben in der Steppe stand. Da er sich nicht wie die anderen Jünglinge seines Volkes im Heer irgendeines Fürsten verdingen wollte, blieb ihm nichts anderes übrig, als hinunter ins Tal zu wandern und Schafhirte zu werden.

An einem lauen Frühlingstag lag Juxifu im Gras und sah den Wolken nach, die langsam über den blauen Himmel zogen. Plötzlich stieß mit schrillem Schrei ein Falke hinab und stieg kurze Zeit später mit einer riesigen Kröte im Schnabel wieder auf.

»Na warte!«, rief Juxifu und warf einen Stein nach dem Vogel. Er erwischte ihn am rechten Flügel, sodass der Falke die Kröte erschrocken fallen ließ und unter beleidigtem Geschrei verschwand.

Juxifu lief schnell zu der Stelle hin, wo die Kröte ins Gras gefallen war. Der scharfe Schnabel des Raubvogels hatte sie arg verletzt. Vorsichtig hob Juxifu sie auf und trug sie zu seinem Lager. Dort mischte er einen Brei aus verschiedenen Blättern, den er auf die Wunden strich, und nach wenigen Tagen war die Kröte wieder gesund.

»Hier, spring nach Hause, mein kleiner Freund«, sagte Juxifu zu der Kröte und setzte sie ins tiefe Gras, damit sie gefahrlos zu ihrem Tümpel zurückhüpfen konnte. Doch anstatt sich davonzumachen, blieb sie sitzen, blickte Juxifu aus ihren bernsteinfarbenen Augen an und sprach: »Du hast mir mein Leben gerettet. Wann immer du in Not bist, werde ich für dich da sein!« Und mit diesen Worten verschwand sie zwischen den Grasbüscheln.

Als der Herbst nahte, machte sich Juxifu wie jedes Jahr daran, die Schafe durchzuzählen, bevor er sie ins Dorf zurücktrieb. Dabei stellte er voller Entsetzen fest, dass ihm zwei Tiere fehlten. »Was soll ich nur tun«, rief er verzweifelt, »mein Herr schlägt mich tot, wenn ich ihm nicht alle Tiere zurückbringe!«

»Du wirst die Tiere nicht mehr wiederfinden, Diebe haben sie gestohlen und geschlachtet«, hörte er auf einmal eine Stimme aus dem Gras und bevor er erschrocken aufspringen konnte, kam die Kröte angehüpft.

»Ich habe versprochen, dir zu helfen, wenn du in Not bist«, sagte sie, »und so bin ich hier. Ich rate dir zu fliehen. Dein Herr ist ein schlechter Mensch und wird dir niemals glauben. Aber bevor du gehst, möchte ich dir noch ein Geschenk geben!«

Mit diesen Worten spuckte die Kröte eine wunderschöne, schillernde Perle aus. »Das ist eine magische Perle. Mit ihrer Zauberkraft kannst du Tiere zum Leben erwecken. Doch eines merke dir gut: Menschen darfst du damit auf keinen Fall ins Leben zurückholen, sonst wird es dir schlecht ergehen! Und nun viel Glück, mein Freund«, sprach die Kröte und hüpfte davon.

Wehmütig blickte Juxifu zu den Bergen hinauf. Dort oben war sein Zuhause und nun musste er fort. »Ach, was hilft all mein Jammern«, sagte er zu sich, »ich bin zu jung, als dass ich mir von meinem Herrn wegen ein paar Schafen den Kopf abschlagen lasse! Und wer weiß, was mich in der Fremde erwartet!« Also hob er die schimmernde Perle auf, packte sein Bündel und zog los.

Er war noch nicht lange gewandert, da sah Juxifu auf einer kargen Weide ein totes Pferd liegen. Er nahm die Perle aus der Tasche und berührte damit den Kadaver. Sogleich lief ein Zucken durch den Leib des Tieres und es schlug die Augen auf.

»Bist du nicht Juxifu, der Schafhirte?«, fragte das Pferd und stand auf. »Die Kröte hat mir von dir erzählt! Ich bin zwar alt, aber dich will ich gerne tragen!« Also sprang Juxifu auf und die alte Mähre trottete davon.

Sie waren so einige Stunden den staubigen Pass entlanggezogen, als der Hirtenjunge im Gestrüpp eine große, wunderschön gemusterte Schlange entdeckte, der man den Kopf eingeschlagen hatte.

»Die Menschen sind dumm und grausam«, sagte er kopfschüttelnd, stieg ab, berührte die Schlange mit der Perle und legte sie vorsichtig in die Sonne. Kaum hatte sie die warme Straße berührt, begann sie sich zu winden und mit ihrer Zunge den Boden abzutasten.

»Du musst Juxifu sein!«, zischelte sie und blinzelte ihn aus ihren kurzsichtigen Augen an. »Die Kröte hat mir von dir erzählt. Ich werde dir deine gute Tat nie vergessen! Ich weiß, es kommt der Tag, an dem ich dir helfen kann!« Dann glitt sie lautlos die Böschung hinunter und war verschwunden.

Juxifu ritt viele Tage lang. Er ritt über Berge, durch dunkle Täler, an rauschenden Flüssen vorbei, doch so richtig froh konnte ihn die schöne Landschaft nicht stimmen, denn er war einsam und sehnte sich nach einem Freund.

Eines Tages kam er in der Dämmerung auf eine Lichtung. Er war müde und wollte dort für die Nacht sein Quartier aufschlagen. Also stieg er ab und streifte durchs Unterholz, um nach einer Quelle zu suchen. Juxifu war noch nicht weit gegangen, da entdeckte er einen Mann, der leblos über einem Stein hing. Der Tote war Wusiman, ein Wegelagerer und Dieb, der von seinem raffgierigen Kumpan feige von hinten erschlagen worden war. Wusiman war von Grund auf schlecht und verdorben, aber all das wusste der gutherzige Juxifu natürlich nicht.

Vorsichtig lief er zu dem Toten hin. »Der arme Mann«, sprach er zu sich, »erschlagen hat man ihn wie einen Hund, so soll kein Menschenleben enden!« Und weil ihm der Mann leid tat und er sich einsam fühlte, schlug er die Warnung der Kröte in den Wind und erweckte den Toten zum Leben. Kaum hatte dieser die Augen aufgeschlagen, gab ihm der Hirtenjunge zu trinken und zu essen und fragte ihn:

»Wer bist du und was ist mit dir geschehen? Wie kommst du in diese verlassene Gegend?«

»Mein Name ist Wusiman, ich handle mit Gewürzen«, log der verschlagene Dieb. »Wegelagerer haben mich überfallen und mich bestohlen. Wie gut, dass du mich gefunden hast, sonst wäre ich bestimmt elendiglich gestorben.«

»Du warst schon tot, aber zum Glück konnte ich dich ins Leben zurückholen«, erwiderte Juxifu mit frohem Herzen.

Sofort wurde der Bösewicht hellhörig: »Hab ich richtig gehört? Du hast mich wieder zum Leben erweckt?«, fragte er neugierig. »Du bist doch nicht etwa ein Geist?«

»Nein, nein«, wehrt der junge Mann ab, »ich bin nur ein einfacher Bursche! Wenn mir die Kröte nicht die magische Perle geschenkt hätte, hätte ich dich bestenfalls hier begraben können.«

»Ach, was gäbe ich darum, diese Perle einmal zu sehen, aber sicher wirst du so etwas Wertvolles nicht irgendeinem Fremden zeigen«, sagte Wusiman listig.

»Nicht doch«, erwiderte Juxifu, »ich bin doch froh, dass ich nicht mehr alleine bin. Hier ist die Perle«, fuhr er fort und zeigte dem Bösewicht seinen Schatz. »Ich möchte keine Geheimnisse vor dir haben! Lass uns Freunde werden und von nun an zusammen reiten!«

Als Wusiman die Perle sah, durchzuckte ihn der Neid und er hatte nur noch einen Wunsch: nämlich die Perle zu besitzen. Er ließ sich aber nichts anmerken, sondern saß mit dem Hirtenjungen am Feuer, trank und aß und unterhielt ihn mit seinen Geschichten.

Als Juxifu eingeschlafen war, lief der Wegelagerer zu dessen Bündel, stahl die Perle, warf den schlafenden jungen Mann den Abhang hinunter in den Fluss und machte sich davon.

Der arme Juxifu wurde durch die Stromschnellen gewirbelt, dass ihm Hören und Sehen verging und ihm schließlich die Sinne schwanden. Als er wieder zu sich kam, lag er auf einer Lichtung, die von hohen Bergen umgeben war.

Bevor er herausfinden konnte, ob er wachte oder träumte, kam die Kröte auf ihn zugehüpft und fragte: »Wie kann ich dir helfen, mein Retter?« Da erzählte der Junge unter Tränen, was ihm zugestoßen war.

»Ich weiß, ich weiß«, tröstete ihn das Tier, »es ist gefährlich, Mitleid mit schlechten Menschen zu haben! Aber jetzt komm, wir müssen uns beeilen. Schließ die Augen und folge mir. Du musst zum anderen Ufer. Von dort wirst du deinen Weg fortsetzen!«

Juxifu tat, wie ihm die Kröte geheißen hatte, schloss die Augen und stieg ins Wasser. Sogleich wurde er von der Strömung des Flusses erfasst und davongetragen. Juxifu hatte große Angst, aber im Vertrauen auf die Kröte hielt er die Augen fest geschlossen und kurze Zeit später hatten sie tatsächlich das andere Ufer erreicht.

»Die Straße hier führt direkt in die Hauptstadt. Dort ist der Palast des Königs, dessen wunderschöne Tochter nur darauf wartet, dass du um ihre Hand anhältst!« Als die Kröte das ungläubige Gesicht des Jungen sah, fuhr sie fort: »Keine Sorge, du wirst schon wissen, was zu tun ist. Aber nun lebe wohl!« Dann sprang sie in den Fluss und war verschwunden.

Juxifu machte sich auf den Weg, wie es ihm die Kröte geraten hatte. Er war noch nicht lange gewandert, da kam eine riesige Schlange aus dem Gebüsch gekrochen.

»Mein Wohltäter, endlich treffe ich dich wieder«, rief sie voller Freude. »Nachdem du mich gerettet hattest, habe ich mir den Kopf darüber zerbrochen, wie ich dir meine Dankbarkeit zeigen könnte. Da entdeckte ich eines Tages die Königstochter, als sie im Palastgarten Blumen pflückte, und wusste sofort, dass ihr ein wunderschönes Paar abgeben würdet. Also habe ich sie gebissen, damit dir kein anderer zuvorkommt. Seit Wochen schon liegt sie nun bewusstlos in ihren Gemächern und niemand ist in der Lage, ihr zu helfen. Der König hat überall im Land verkünden lassen, dass er demjenigen, der sie heilen kann, einen hohen Posten und die Prinzessin zur Frau geben wird. Du brauchst sie also nur gesund zu machen, dann ist dir ein glückliches Leben sicher!«

»Ach«, seufzte der junge Hirte, »leider kann ich ihr nicht helfen, denn ich besitze die magische Perle nicht mehr. Hab trotzdem vielen Dank!«

»Nun warte doch«, rief die Schlange, »dass der böse Wusiman dir die Perle gestohlen hat, weiß ich längst. Du musst mir einen meiner Giftzähne ausbrechen und schnell damit zum Palast laufen. Dort verlangst du nach einem Becher, legst den Zahn hinein, gießt kochendes Wasser darüber und gibst der Prinzessin den Sud zu trinken. Noch am selben Tag wird sie aufwachen und herumlaufen, als sei nichts geschehen!« Dann öffnete sie ihr Maul, damit Juxifu ihr einen Zahn ausbrechen konnte. »Aber jetzt beeil dich«, drängte ihn die Schlange, »bevor es sich der König anders überlegt.« Und so lautlos, wie sie gekommen war, war sie auch wieder zwischen den Farnen verschwunden.

Als Juxifu am Tor der Hauptstadt angekommen war, nahm er allen Mut zusammen, trat vor die furchterregend aussehenden Torwachen, machte eine tiefe Verbeugung und sprach: »Ich bin gekommen, um die Prinzessin gesund zu machen!« Sogleich brachten ihn die Wachen im Laufschritt zum Palast. Dort angekommen, befolgte Juxifu die Worte der Schlange und kurze Zeit später schlug die Prinzessin tatsächlich die Augen auf.

»Ihr habt mich gerettet«, sprach sie und nahm seine Hand, »wie kann ich Euch jemals danken?« »Ich will nur das, was Euer Vater versprochen hat!«, antwortete Juxifu und lächelte.

Doch dem König passte es nicht, dass seine Tochter einen Mann aus dem niederen Volk heiraten sollte, und so ersann er sich drei weitere Prüfungen für den jungen Hirten. Als erstes ließ er zwei Eimer mit Reis bringen und verlangte von Juxifu, dass er bis zum Abend die großen und kleinen Körner auseinander sortieren sollte.

Als die Prinzessin dies hörte, kam sie Juxifu zu Hilfe und befahl ihren Dienern, je einen Eimer mit großen und kleinen Reiskörnern in dessen Kammer zu bringen.

Als zweites sollte er mit drei Pfeilen drei Scheiben treffen, die der König am hintersten Ende des Palastgartens hatte aufstellen lassen. Auch dies war für den Burschen kein Problem. Schließlich kam er aus einem Reitervolk, das für seine hervorragenden Bogenschützen bekannt war, und so traf er ohne Mühe bei allen drei Scheiben genau ins Schwarze.

Die dritte Prüfung aber war die schwierigste. Der König ließ sämtliche Sänften, die im Palast aufzutreiben waren, in den Innenhof tragen und verlangte von Juxifu er solle erraten, in welcher der Sänften die Prinzessin saß. Auch hier half

ihm die Königstochter, indem sie ein klein wenig hin und her schaukelte, sodass der junge Hirte leicht erkennen konnte, wo die Prinzessin versteckt war. Als Juxifu auch die letzte Prüfung bestanden hatte, blieb dem König nichts anderes übrig, als in die Hochzeit einzuwilligen.

Sogleich begann der Hofstaat mit den Vorbereitungen für das große Fest und der König schickte Kuriere bis in die entlegensten Teile seines Reiches aus, damit alle von der glücklichen Rettung der Prinzessin erführen. So kam es, dass auch der böse Wusiman davon hörte.

»Wie kommt es, dass ich nichts von diesem Schlangenbiss erfahren habe?«, zeterte er und gab seinem armen Pferd einen wütenden Tritt. »Mit der Perle hätte ich sie heilen können. Dann säße ich jetzt an der königlichen Tafel, hätte einen hohen Posten und würde es mir gut gehen lassen! Aber wenn ich dem König die Perle schenke«, überlegte er weiter, »wird's sicher nicht zu meinem Schaden sein!«

Also machte sich Wusiman in Erwartung einer reichen Belohnung eilig in Richtung Hauptstadt auf. Kaum war er dort angekommen, lief er sogleich zum Palast und rief den Wachen zu: »Ich bin Gewürzhändler und habe ein einzigartiges, wertvolles Geschenk, das ich dem König überreichen möchte. Steht also nicht hier herum, sondern bringt mich zu ihm!«

Die Wachen waren über Wusimans freche Rede sehr verärgert und hätten ihm liebend gerne eins mit dem Knüppel übergezogen, aber da sie die Vorliebe ihres Königs für seltene Geschenke kannten, brachten sie den Banditen in den Thronsaal.

Dort saß der König und hielt gerade Audienz.

Juxifu und die Prinzessin waren ebenfalls anwesend. Wie es der Respekt vor den Älteren gebietet, standen sie einige Schritte hinter dem Thron und hörten sich die Wünsche und Klagen der Untertanen an. Als Wusiman an der Reihe war und vortrat, um dem König die Perle zu überreichen, rief Juxifu plötzlich laut: »Der Kerl ist kein Händler, wie er behauptet. Er heißt Wusiman und ist ein Verbrecher und Dieb. Er wollte mich ersäufen wie eine Katze, nur damit er die magische Perle bekommt, die er Euch jetzt als Geschenk überreichen will. Lasst ihn nicht entkommen!« Das ließen sich die Wachen nicht zweimal sagen und nahmen Wusiman fest.

So kam es, dass die magische Perle am Ende doch noch zu ihrem rechtmäßigen Besitzer zurückkehrte. Der böse Wusiman aber wurde vom König verbannt und außer Landes gejagt.

Die Rache des listigen Schwiegersohnes

In einer kleinen Siedlung am Fuße des Bai-shan Gebirges lebte einst ein Dorfvorsteher, der besaß so viel Gold und Silber, dass er viele Truhen damit füllen konnte. Die meiste Zeit des Tages verbrachte er damit, faul auf seinem Kang, dem beheizten Divan der Nordchinesen, zu liegen und andere für sich arbeiten zu lassen. Überhaupt genoss er den zweifelhaften Ruf, so geizig und hartherzig zu sein, dass er sogar die Knochen lieber selber essen würde, als sie einem armen Hund zu geben. Dieser Dorfvorsteher, wir wollen ihn Lao Dong nennen, hatte zwei Töchter. Die ältere hatte einen wohlhabenden Mann geheiratet, die jüngere aber hatte der Vater seinem Schafhirten zur Frau gegeben; denn er hatte den jungen Mann zehn Jahre für sich arbeiten lassen, ohne ihm jemals auch nur ein einziges Silberstück als Lohn zu zahlen.

Eines Tages, es war im tiefsten Winter, hatte das junge Paar nichts mehr zu essen und litt großen Hunger. Da beschloss das Mädchen, zu ihrem Vater zu gehen, um ihn um etwas Getreide und Öl zu bitten. Aber Lao Dong hatte kein Mitleid, sondern jagte sein eigenes Kind fort.

Als die junge Frau nach Hause zurückgekehrt war, erzählte sie alles ihrem Mann und weinte bitterlich über die Hartherzigkeit ihres Vaters. Batu, so war der Name des Schafhirten, betrachtete seine weinende Frau und beschloss, seinem geizigen und herzlosen Schwiegervater eine Lektion zu erteilen. Er öffnete die Kleidertruhe und holte sein einziges gutes Gewand, einen grünen Langrock, seinen Hut und einen Fächer heraus. Geschwind zog er den Langrock an, füllte den Hut mit Schnee, setzte ihn auf, nahm den Fächer und machte sich, ohne einen Umhang umzulegen, zum Haus seines Schwiegervaters auf. Auf dem Weg begann der Schnee unter seinem Hut zu schmelzen und als er bei Lao Dong angekommen war, lief ihm das Wasser über das Gesicht, so dass es aussah, als ob er schwitzen würde. Als er das Zimmer seines Schwiegervaters betrat, fächelte er sich Luft zu, wischte sich die Stirn und setzte sich in die Ecke des Raumes, die am weitesten vom Ofen entfernt war.

Lao Dong war über das Verhalten des jungen Mannes mehr als verwundert und fragte ihn: »Was ist mit dir, hast du Fieber oder wie kommt es, dass du im tiefsten Winter nur mit einem dünnen Langrock bekleidet unterwegs bist und dennoch schwitzen musst?«

»Werter Schwiegervater, was Ihr hier seht, ist kein gewöhnlicher Langrock. Vielmehr ist es ein sogenannter Hitze-Kälte-Rock, der sich schon seit vielen Generationen im Besitz unserer Familie befindet. Er hält denjenigen, der ihn trägt, im Winter warm, während er im Sommer angenehme Kühle spendet!«

Lao Dong betrachtete den jungen Mann, und sein Herz füllte sich mit Neid. »Es ist nicht richtig, dass ein armer dahergelaufener Schafhirte etwas hat, das ich nicht besitze«, dachte er und so sagte er zu Batu: »Ich bin oft unterwegs und so einen Hitze-Kälte-Rock könnte ich auf meinen Reisen gut gebrauchen. Ich gebe dir hundert Schafe dafür!«

Batu wand sich und tat so, als fiele ihm die Entscheidung sehr schwer. Lao Dong aber ließ nicht locker und nachdem er seinen Schwiegersohn arg bedrängt hatte, willigte dieser schließlich ein.

»Werter Schwiegervater, ich trenne mich nur sehr ungern von diesem Gewand, aber da Ihr mich so inständig bittet, will ich Euch Eure Bitte nicht abschlagen. Denkt aber daran, dass Ihr dreimal ›Magisches Gewand, sei mir zu Diensten‹ sagen müsst, bevor Ihr den Langrock anlegt. Ihr dürft ihn auch nicht jeden Tag tragen, da er sonst seine Zauberkraft verliert!«

Sobald sein Schwiegersohn das Haus verlassen hatte, versteckte der Dorfvorsteher den Langrock eilig in einer Truhe und wartete auf eine besondere Gelegenheit, bei der er mit seiner neuesten Errungenschaft prahlen konnte.

Schließlich kam der fünfzehnte Tag des neuen Jahres, an dem sich seit alters her die Beamten in der Hauptstadt trafen, um sich ein segensreiches und glückliches Jahr zu wünschen. Dies schien ihm der rechte Anlass zu sein. Noch vor dem Morgengrauen stand er auf und herrschte seine Bediensteten an: »Los, los! Bringt mir die Sänfte, ich habe wichtige Geschäfte zu erledigen!« Dann lief er in sein Studierzimmer, streifte voller Stolz den magischen Langrock über, ließ sich seinen besten Hut und seinen größten Fächer bringen und bestieg unter den erstaunten Blicken seiner Bediensteten die Sänfte.

Die Träger setzten sich in Bewegung und hatten bald die Passstraße erreicht. Der Wind pfiff Lao Dong um die Ohren und die Kälte schnitt ihm ins Fleisch, aber im Vertrauen auf den magischen Langrock hielt er tapfer aus. Doch die Straße wand sich höher und höher ins Gebirge hinauf und bald waren Lao Dong die Gesichtszüge eingefroren, sodass es aussah, als lächle er.

Als er schließlich beim Haus des Kommissars angekommen war, liefen die anderen herbei, um ihn zu begrüßen. Sie waren jedoch sehr verwundert, als Lao Dong ihre Grüße nicht erwiderte, sondern nur kerzengerade und mit einem Lächeln auf dem Gesicht in der Sänfte sitzen blieb. Da sie sich nicht erklären konnten, was mit ihrem Freund geschehen war, liefen schließlich einige Männer zur Sänfte hin, um Lao Dong zu berühren. Erschreckt stellten sie fest, dass er steif gefroren war wie ein Brett. Schnell trugen sie ihn ins Haus, wickelten ihn in Decken und legten ihn auf den warmen Kang. So lag er da eine ganze Weile, bis er schließlich laut zu jammern anfing: »O weh, welche Schmerzen, ich glaube, meine armen Beine sind erfroren!« Als die Umstehenden dies hörten, begannen sie zu lachen und sich über den törichten Alten lustig zu machen.

Der Dorfvorsteher schämte sich entsetzlich und machte sich am nächsten Morgen in aller Frühe auf den Heimweg, ohne an den Feierlichkeiten teilgenommen zu haben.

Der schlaue Batu jedoch hatte die Zeit genutzt und sich einen neuen Plan ausgedacht, mit dem er den geizigen Dorfvorsteher ein zweites Mal an der Nase herumführen wollte.

Er ging zum Markt und tauschte drei seiner Schafe gegen einen Esel ein. Dann legte er dem

Tier einen wertvollen, mit Silber beschlagenen Sattel auf, verhängte sein Hinterteil mit prächtiger Seide und malte mit dem Pinsel Kreise verschiedener Größe und Farbe auf sein Fell. Als er fertig war, sah der Esel wie ein Fabelwesen aus. Mit seiner Arbeit zufrieden, führte Batu das Tier auf die Hauptstraße und trieb es, so schnell es laufen konnte, die Straße bis zum Osttor entlang, wo er das Eselchen mit einem Scheffel Getreide belohnte. Kaum hatte das Tier alles gefressen, da trieb er es den gleichen Weg zum Westtor zurück, wo er dem Eselchen wiederum eine Portion Getreide zu fressen gab. Es dauerte nicht lange und das Tier hatte begriffen, wie es zu einer schmackhaften Extramahlzeit kommen konnte. Mittlerweile war auch Lao Dong in das Dorf zurückgekehrt und nachdem er sich einige Tage zu Haus ins Bett gelegt hatte, um sich von seiner Schmach zu erholen, begab er sich zu seinem Schwiegersohn. Dort angekommen, begann er sogleich auf Batu einzuschlagen und ihn zu beschimpfen: »Du hast mich betrogen und mich vor allen Leuten lächerlich gemacht! Gib sofort meine Schafe zurück oder ich brech dir alle Knochen!«

Batu rettete sich vor dem wütenden Mann unter einen Tisch und rief: »Werter Schwiegervater, haltet ein, Ihr schlagt mich ja tot! Was hab ich denn nur verbrochen, dass Ihr so wütend auf mich seid?«

»Der Hitze-Kälte-Rock«, schnaubte Lao Dong, »wärmt überhaupt nicht! Auf dem Weg in die Hauptstadt wäre ich fast erfroren!«

»Habt Ihr denn auch alles richtig gemacht und bedacht, dass Ihr den magischen Spruch dreimal aufsagen müsst?«, rief Batu aus seinem Versteck.

Da musste sein Schwiegervater kleinlaut zugeben, dass er den Spruch völlig vergessen hatte.

»Na, seht Ihr, so ist es ja kein Wunder, dass der Langrock Euch nicht gewärmt hat«, sagte Batu scheinheilig.

Während sie so dastanden und über das Versagen des Hitze-Kälte-Rocks debattierten, erspähte Lao Dong Batus Fabeltier. »Was ist das für ein eigenartiges Tier, das da hinter deinem Haus angebunden ist?«, fragte er seinen Schwiegersohn neugierig.

»Dies ist ein ganz besonderes Tier mit außergewöhnlichen Fähigkeiten«, erklärte Batu, »es läuft schneller als das schnellste Pferd und ist sanfter als die sanfteste Kuh. Dabei ist es leicht zu besteigen, hat einen ruhigen Gang und man sitzt sehr bequem!« Der Alte war sehr beeindruckt, aber aus Angst, dass ihn Batu womöglich wieder an der Nase herumführen würde, verlangte er einen Beweis dafür, dass ihm sein Schwiegersohn die Wahrheit sagte.

»Ich verstehe Euren Argwohn«, sagte der junge Mann, bestieg den Esel und führte ihn auf die Hauptstraße. Dort angekommen, raste das Tier in Erwartung eines Scheffels Getreide sogleich bis zum Osttor hinunter.

Als Lao Dong das sah, war er voller Bewunderung für die Schnelligkeit des wundersamen Tieres und vergaß alle Zweifel. »Ich gebe dir zehn meiner besten Pferde dafür«, versuchte er den jungen Mann zu locken, aber der tat so, als wollte er das Tier unter keinen Umständen verkaufen. Schließlich, nachdem der Dorfvorsteher ihm vierundzwanzig Pferde und drei Krüge seines besten Weines geboten hatte, seufzte Batu:

»Also gut, um der Geister meiner Ahnen willen, dann nehmt das Tier eben mit!«

Und so führte Lao Dong, voller Stolz über seinen guten Handel, das Eselchen heim.

Nun wollte es der Zufall, dass der Dorfvorsteher kurz darauf in die Hauptstadt gerufen wurde. Als seine Bediensteten früh morgens mit den Reisevorbereitungen für ihren Herrn beginnen wollten, rief sie der Alte zurück und erklärte den verdutzten Stallknechten: »Dieses Tier hier läuft schneller als der Wind! Ich habe also keine Eile und kann warten, bis die Sonne hoch am Himmel steht, bevor ich in die Hauptstadt aufbrechen muss!«

Die Mittagszeit war lange vorbei, als Lao Dong sich schließlich mit wichtigem Gesicht in den Hof begab und befahl, das Wundertier vorzuführen. Es ließ sich tatsächlich äußerst einfach

besteigen und sobald er es aus dem Tor hinaus auf die Hauptstraße geführt hatte, begann es auch sogleich loszurennen, als ginge es um sein Leben.

»Das Tier läuft wirklich schneller als der Wind«, dachte Lao Dong hoch erfreut. Sobald er jedoch das Osttor erreicht hatte, blieb der Esel wie angewurzelt stehen. Da half kein Rufen, Peitschenknallen oder Schlagen, der Esel war durch nichts zu bewegen, aus dem Dorf zu reiten. Entnervt riss der Dorfvorsteher die Zügel herum. Sogleich raste der Esel die Hauptstraße wieder hinunter, so wie Batu es ihm beigebracht hatte. Und so kam es, dass der Esel, zum großen Vergnügen der Dorfbewohner, mit dem wütenden Dorfvorsteher auf dem Rücken immerfort die Hauptstraße hinauf und hinunter rannte. Die Leute am Straßenrand bogen sich vor Lachen, als sie den törichten, eitlen Lao Dong auf dem angemalten Esel vorbeireiten sahen. Schließlich verlor der Alte die Beherrschung, sprang vom Esel und zerrte das störrische Tier, das sich nach bester Eselmanier mit allen vieren in den Boden stemmte, unter lautem Gelächter der Zuschauer zur Hütte seines Schwiegersohnes.

Dort wartete Batu bereits. Er hatte eine alte Truhe hervorgeholt, die er mit geheimnisvollen Zeichen und Symbolen bemalt hatte. Seiner Frau hatte er aufgetragen, die delikatesten und köstlichsten Speisen vorzubereiten, die sie zu kochen wusste, und diese in der Truhe zu verstecken. Dann bat er sie, vor dem Tor zu warten und ihm ein Zeichen zu geben, sobald sie ihren Vater um die Ecke biegen sah.

Als der Alte schließlich schweißgebadet mit dem störrischen Esel im Schlepptau vor der Hütte

seines Schwiegersohnes ankam, war er so wütend wie noch nie in seinem Leben.

»Geh mir aus dem Weg«, herrschte er seine Tochter an und versuchte, sie zur Seite zu drängen.

Sie aber stellte sich ihrem Vater in den Weg und rief mit banger Stimme: »Halt, Vater, tretet nicht ein! Batu ruft die Götter an, unser Haus zu segnen, und er darf unter keinen Umständen gestört werden!«

Über die Schulter seiner Tochter hinweg sah der Alte, wie sein Schwiegersohn immerfort um eine seltsam bemalte Truhe herumlief, seine Hände zum Himmel hob und rief:

»O Truhe, öffne dich!

O Götter, segnet uns!«

Dies verwunderte den Alten sehr und gespannt sah er dem eigenartigen Treiben seines Schwiegersohnes zu.

Sobald Batu ihn erblickt hatte, kam er mit offenen Armen auf ihn zugelaufen und rief: »Werter Schwiegervater, wie schön, Euch zu sehen. Kommt doch herein, setzt Euch auf den warmen Kang und esst mit uns!«

dass er den Fisch an der Angel hatte, und erklärte mit wichtiger Miene:

»Die Truhe hat mein Ururgroßvater einst in der alten Hauptstadt einem Reisenden aus dem Land hinter dem großen Wasser abgekauft. Wann immer es einem an Essen mangelt, braucht man nur hineinzugreifen und schon kann man unter den herrlichsten Gerichten auswählen. Ohne diese Truhe wäre es meiner Frau und mir schon oft schlecht ergangen!«

Als der Dorfvorsteher dies hörte, dachte er: »Wie schön wäre es, wenn ich diese Truhe besäße! Schließlich habe ich keine Söhne! Wer wird mich also ernähren, wenn ich einmal alt bin? Hätte ich die Truhe, bräuchte ich mir keine Sorgen mehr zu machen!« Also begann er, mit Batu um die Truhe zu feilschen. Wie auch die Male zuvor zeigte dieser sich zunächst zögerlich, aber als Lao Dong ihm schließlich fünfzig Goldstücke für die Wundertruhe bot, willigte er ein. »Ihr habt so eine Art zu bitten, dass ich Euch einfach nichts abschlagen kann«, sagte er seufzend, während er die Goldstücke zählte.

Überglücklich über sein gutes Geschäft lief der Alte sogleich mit der Truhe nach Hause und befahl seinen Dienstboten: »Lauft los und ladet sämtliche hohe Beamte und Würdenträger aus den umliegenden Dörfern ein. Ich will morgen für alle ein Festmahl ausrichten, von dem man noch in hundert Jahren sprechen wird!«

Als die Gäste am darauffolgenden Tag das Esszimmer betraten, wunderten sie sich nicht wenig, als sie den Tisch leer fanden und auch auf der Anrichte und den lackierten Tischchen, die die Wände des Zimmers säumten, kein Essen zu sehen war.

Und bevor der Alte wusste, wie ihm geschah, hatte ihn der junge Mann schon ins Haus geleitet und in das nördliche Zimmer geführt, von dem man in den Hof blicken konnte. Er bat seinen Schwiegervater, ihn einen Augenblick zu entschuldigen. Dann lief er in den Hof, öffnete die Truhe und entnahm ihr ein Tablett voll dampfender, duftender Speisen.

»Nehmt und esst, werter Schwiegervater«, lud ihn Batu ein. Das ließ sich Lao Dong nicht zweimal sagen und griff beherzt zu.

Kaum hatte er den ersten Bissen verspeist, rief er entzückt: »Das ist das beste Essen, das ich in meinem ganzen Leben gekostet habe! Batu, wo hast du diese Truhe her?«

Wie man merkt, hatte Lao Dong zu diesem Zeitpunkt die peinliche Angelegenheit mit dem Wundertier längst vergessen und hatte nur noch Augen für die geheimnisvolle Truhe mit den seltsamen Zeichen und Symbolen. Batu spürte,

Sobald Lao Dong den Raum betreten hatte, bat er um ein wenig Geduld und verkündete: »Werte Gäste, das Essen wird in wenigen Minuten serviert. Nehmt doch derweil schon Platz!« Nachdem sich die Gäste gesetzt hatten, läutete er zweimal. Kurz darauf schob einer seiner Bediensteten ein Tischchen in den Raum, auf dem die Wundertruhe stand.

»Liebe Freunde«, hob Lao Dong an und seine Wangen glühten vor Aufregung, »diese Truhe hier besitzt magische Kräfte und ich danke demjenigen aus der langen Kette meiner Vorfahren, der sie einst unter dramatischen Bedingungen in den Besitz unserer Familie gebracht hat: Denn sie ist es, die uns seit Generationen mit Nahrung versorgt!«

Die Gäste, sichtlich verwirrt über die Ausführungen ihres Gastgebers, saßen regungslos da und warteten, was als Nächstes passieren würde.

Mit großem Tamtam sagte Lao Dong den vermeintlichen Zauberspruch auf, den er bei Batu gehört hatte, während er im Kreis um die Truhe herumhüpfte. Als er die Truhe das dritte Mal umrundet hatte, öffnete er schwungvoll den Deckel. Doch die Truhe war leer! Unverdrossen und in der Annahme, vielleicht nicht alles richtig gemacht zu haben, wiederholte der Dorfvorsteher die Zeremonie noch ein zweites Mal. Doch zu seiner maßlosen Enttäuschung blieb die Truhe auch dieses Mal leer.

Als der törichte Alte erkannte, dass er schon wieder von seinem Schwiegersohn hereingelegt worden war, wurde er rot vor Zorn und begann am ganzen Leib vor Wut zu zittern. Jetzt bemerkten auch die Gäste, dass sich die Dinge im Haus des Dorfvorstehers anders zu entwickeln schienen als gewünscht, und peinlich berührt verließen sie eilig das Haus.

Lao Dong aber nahm sich nicht einmal die Zeit, seine Gäste zu verabschieden, sondern rannte an ihnen vorbei durch das Tor, um seinen Schwiegersohn zur Rede zu stellen. Doch als er an der Hütte des jungen Paares angekommen war, war das Herdfeuer kalt und Batu und seine Frau hatten das Dorf längst verlassen. So musste er unverrichteter Dinge unter dem schadenfrohen Gelächter der Dorfbewohner nach Hause zurückkehren, wo er die Truhe mit der Axt in kleine Stücke hieb.

Die kleine Stickerin

Vor langer Zeit lebte in einem kleinen Dorf in der Nähe des Gelben Flusses ein junges Mädchen, das Mingming hieß. Sie war fleißig und eine über alle Maßen geschickte Stickerin und sie sah bezaubernd aus. Dabei war sie kein bisschen eitel oder hochmütig, sondern wurde von allen im Dorf wegen ihres liebenswerten, hilfsbereiten Wesens sehr geschätzt. Ihre Mutter hätte Mingming gerne verheiratet, aber immer wenn sie ihre Tochter zur Seite nahm, um diese Angelegenheit mit ihr zu besprechen, fand Mingming einen Grund, die Wahl eines Ehemanns noch zu verschieben: Einmal mussten die Reisfelder noch abgeerntet werden, ein anderes Mal hatten die Seidenraupen fleißig gesponnen und die Arbeit am Webstuhl wartete.

Eines Tages im Frühling, Mingming war gerade neunzehn Jahre alt geworden, sprach ihre Mutter: »Dein Vater und ich denken, dass es nun wirklich an der Zeit ist, dir einen Mann zu suchen. Er hat bereits mit den Alten im Dorf gesprochen, und sie sind auch unserer Meinung.«

Die Kunde, dass Mingming nun endlich einer Heirat zugestimmt hatte, verbreitete sich in Windeseile. Eine stattliche Anzahl junger Männer machte sich auf den Weg in das kleine Dorf am Gelben Fluss, in der Hoffnung, eine liebliche Braut mit nach Hause zu nehmen. Ungeduldig warteten sie vor Mingmings Haus. Schließlich öffnete sich die Tür und das junge Mädchen, in ein nachtblaues Seidenkleid gehüllt und mit Kirschblüten im Haar, schritt an der Hand ihres Vaters aus dem Haus.

»Dies ist meine Tochter Mingming«, sprach er, »sie ist nicht nur ein schönes, sondern auch ein kluges Kind und es tut mir leid, sie gehen zu lassen. Darum habe ich ihr gestattet, sich ihren Ehemann selbst auszuwählen.«

Den jungen Männern verschlug es bei ihrem Anblick zunächst die Sprache, doch fanden sie ihre Worte schnell wieder und begannen, wie wild durcheinander zu reden und mit ihren Geschenken zu prahlen.

Mingming hörte sich alles eine Weile an, dann raffte sie anmutig ihren Saum, stieg auf eine kleine Mauer und rief: »Es interessiert mich nicht, ob ihr fünfzig Mu Land besitzt oder ob ihr mich mit Gold und Silber überhäuft. Mir liegt nichts an Reichtum, ich möchte den Menschen helfen, glücklich zu sein. Es kann also nur der mein Ehemann werden, der im Herzen so ist wie ich und der mutig genug ist, mir die Perle, die nachts leuchtet, die goldene Nadel und die vier goldenen Seidenfäden zu bringen; denn diese Dinge braucht man, um Blumen zu sticken, die ewiges Glück bringen. Nichts anderes werde ich als mein Brautgeschenk annehmen!«

Als die jungen Burschen dies hörten, sank ihr Mut, denn alle wussten, dass es mit großen Gefahren verbunden war, Mingmings Wunsch zu erfüllen. Kein Mensch war bisher lebend vom Schloss des großen Schutzgeistes des Ostmeeres zurückgekehrt, der als einziger wusste, wo sich die Perle, die Nadel und die goldenen Seidenfäden befanden. Also machten sie sich enttäuscht

und beschämt über ihre eigene Feigheit auf den Heimweg.

Als dies der junge Jun Er, ein armer Bursche aus dem Nachbardorf, hörte, hüpfte sein Herz vor Freude. Er warf seinen breiten Hut aus Reisstroh in die Ecke, zerrte die Kuh aus dem Stall und ritt zu Mingming.

»Ich weiß, ich bin nur ein armer Bauernbursche«, sagte er und blickte verlegen auf seine nackten Füße, »daher habe ich es auch nicht gewagt, um dich zu freien, als ich all die vornehmen jungen Herrn ins Dorf reiten sah. Aber ich kenne dich schon, seit wir Kinder sind, und ich kann mir nichts Schöneres vorstellen, als mit dir zusammen zu sein. Also will ich mich auf den Weg machen und versuchen, dir die Dinge, die du dir so sehnlich wünschst, zu beschaffen!«

Als Mingming Jun Ers Worte hörte, spürte sie, dass er es ehrlich meinte, und sprach: »Ich werde hier auf dich warten, egal wie lange du fort bleibst, denn ich weiß, dass du mir ein guter Mann sein wirst!«

Glücklich kehrte Jun Er am Abend in seine Hütte zurück. Am nächsten Morgen packte er noch vor dem ersten Hahnenschrei sein Bündel und marschierte seinem Abenteuer entgegen. Er wanderte viele Tage lang durch dichte Wälder und über unwirtliche Pässe, bis er eines Abends aus einem Tal eine Rauchfahne aufsteigen sah. Er kletterte den Abhang hinunter und kam zu einer kleinen Hütte, in der eine alte Frau wohnte.

»Ich bin unterwegs zum Ostmeer«, sagte Jun Er, als die Alte ihn nach seinem Weg fragte.

»Du musst sehr mutig sein, mein Junge, denn der Weg ist weit und voller Gefahren. Aber wenn du den Schutzgeist findest, dann frag ihn bitte für mich, warum mein Kind nicht sprechen kann!« Das versprach der junge Mann gerne und nachdem er sich ein wenig gestärkt hatte, zog er weiter. Der Weg führte ihn durch zerklüftete Schluchten und karge Steppen und mehr als einmal war er kurz davor, den Mut zu verlieren. Doch bei dem Gedanken an seine liebliche Mingming fasste er stets wieder Mut, seinen Weg fortzusetzen.

So kam er eines Abends in ein Dorf namens Laolin. Dort lebte ein alter Mann, der ihm eine Unterkunft für die Nacht anbot. Als er das Herdfeuer geschürt und die Bastmatten auf dem Lehmboden der Hütte ausgerollt hatte, fragte er den jungen Mann, wohin wolle.

»Es verlangt großen Mut, den Schutzgeist des Ostmeeres aufzusuchen«, lobte ihn der Alte, »ich hoffe, dass du ihn finden kannst. Wenn du es tatsächlich bis zum Ostmeer schaffst, dann möchte ich dich bitten, den Schutzgeist für mich zu fragen, warum mein Seidenraupenpaar, das ich schon seit sieben Jahren füttere und pflege, bis jetzt noch nicht das kleinste Seidenfädchen gesponnen hat!«

Der junge Mann versprach, daran zu denken. Dann rollte er sich auf der Bastmatte zusammen und schlief vor Erschöpfung sofort ein. Am anderen Morgen bedankte er sich höflich für das Nachtlager und zog seines Weges. Er war voller Ungeduld und wollte das Ostmeer nun endlich erreichen, denn er vermisste Mingming und wollte zurück nach Hause. Er gönnte sich keine Rast, sondern marschierte mit schnellem Schritt durch den Wald. Er hatte den Wald bereits ein ordentliches Stück hinter sich gelassen, als er auf einmal ein Rauschen hörte, das immer lauter wurde. Es

kam von einem gewaltigen Fluss, der sich donnernd seinen Weg bahnte.

Verzweifelt lief Jun Er am Ufer auf und ab, doch es gab weder eine Furt noch eine Brücke. »Jetzt bin ich so weit gekommen und habe so viele Entbehrungen auf mich genommen. Es muss einen Weg geben, wie ich über den Fluss zum Schutzgeist des Ostmeeres gelangen kann«, rief er verzweifelt.

»Wenn du mir einen Gefallen tust, dann bringe ich dich ans andere Ufer«, hörte Jun Er plötzlich eine Stimme. Erstaunt blickte er sich um. Schließlich entdeckte er im Wasser einen riesigen grün schillernden Fisch, der vor ihm hin und her schwamm.

»Ich will dir gerne helfen, wenn ich kann«, entgegnete der junge Mann, »aber wie willst du mich ans andere Ufer bringen?«

»Nicht so eilig, mein junger Freund«, erwiderte der Fisch, »lass mich dir erst von meinen Sorgen berichten. Schließlich findet man hier nicht alle Tage einen Menschen, mit dem man sich unterhalten kann. Stell dir vor«, fuhr er fort, während er ärgerlich auf und ab schwamm, »ich bin schon über tausend Jahre alt, aber die Wachen wollen mich nicht in den Drachenpalast lassen. Wenn du zum Schutzgeist kommst, dann frag ihn, was ich machen muss, um endlich dort eingelassen zu werden.«

Das versprach ihm Jun Er gerne. Der Fisch nahm den jungen Mann auf seinen gewaltigen Rücken und durchquerte mit ihm den reißenden Fluss. Am anderen Ufer bedankte sich der junge Mann für die Hilfe und setzte seinen Weg fort.

»Vergiss nicht zu fragen«, rief ihm der Fisch nach, bevor er zwischen den grünen Wellen ver-

schwand. Jun Er spürte, dass er nun nicht mehr weit von seinem Ziel entfernt war, und er wanderte unermüdlich weiter, bis er endlich die weiße Gischt des Ostmeeres am Horizont aufspritzen sah.

Als er die Küste erreichte, stellte er jedoch zu seinem Entsetzen fest, dass es nichts gab außer Wasser, Sand und Wind. Vom Schloss des Schutzgeistes war nichts zu sehen.

Verzweifelt stellte er sich vor die tosende Brandung und rief: »Schutzgeist, bitte zeige dich! Ich bin viele Monate gewandert, um zu dir zu kommen, ich muss dich etwas Wichtiges fragen!«

Da bäumten sich die Wellen zu einem Turm aus weißer Gischt auf, und als sich das Wasser wieder senkte, stand ein alter Mann vor Jun Er, der ihn wohlwollend musterte. Der junge Mann wusste sofort, dass dies der Schutzgeist sein musste, und so nahm er all seinen Mut zusammen und trug die Fragen vor, die ihm der Fisch, der alte Mann und die alte Frau mitgegeben hatten. Nachdem der Schutzgeist ihm alles beantwortet hatte, erzählte ihm Jun Er von dem eigentlichen Grund seines Kommens. Der alte Mann hörte aufmerksam zu und sprach dann lachend:

»Mach dir keine Sorgen, sondern geh zurück zu deiner Mingming. Die Dinge, nach denen ihr Herz verlangt, sind euch gewiss!« Dann drehte er sich um und war verschwunden.

Der junge Mann konnte sich auf die Worte des

Schutzgeistes keinen Reim machen und war betrübt, dass er so wenig erreicht hatte. »Ach, was hilft's«, sagte er zu sich, »wenn ich auch mein Ziel nicht erreicht habe, so konnte ich doch wenigstens den anderen helfen!« Und so machte er sich auf den Heimweg.

Als er am Fluss ankam, wartete der Fisch bereits auf ihn. »Und, hast du den Schutzgeist gefunden?«, fragte dieser ungeduldig.

»Ja, das habe ich«, sagte Jun Er, »und er hat gesagt, dass du die rote Perle ausspucken musst, die du im Mund hast. Dann kannst du in den Drachenpalast!«

»Wenn das alles ist«, rief der Fisch und spuckte die Perle im hohen Bogen ans Ufer. »Da ich ein Fisch bin, besitze ich leider nichts, womit ich einem Menschen eine Freude machen könnte. Alles, was ich dir geben kann, ist die rote Perle dort. Ich wäre glücklich, wenn du sie als Geschenk annehmen würdest!«

Jun Er bedankte sich tausendfach, hob die Perle vorsichtig auf, verabschiedete sich und zog seines Weges. Als er schließlich wieder in Laolin angekommen war, wartete der Alte bereits auf einen Bambusstock gestützt vor seiner Hütte.

»Hast du den Schutzgeist gefunden?«, wollte auch er wissen.

»Ja, das habe ich und er hat mir auch den Grund genannt, warum deine Raupen nicht spinnen wollen«, erwiderte Jun Er. »Sie sitzen zusammen in einer Schachtel, das verleidet ihnen die Lust am Spinnen. Wenn du sie in zwei verschiedene Schachteln setzt, werden sie auch zu spinnen anfangen.«

Der Alte bedankte sich und wollte dem jungen Mann als Dank seine Raupen schenken, doch Jun Er wollte davon nichts wissen. Als er jedoch einsah, dass er den Alten nicht würde umstimmen können, bedankte er sich und nahm die Raupen an.

So wanderte er immer weiter auf den Pfaden und Wegen, die ihn in seine Heimat zurückführten, bis er eines Tages wieder vor der armseligen Hütte stand, in der die alte Frau mit ihrem stummen Kind wohnte.

Als sie ihn kommen sah, winkte sie ihm zu und rief schon von weitem: »Hast du den Schutzgeist gefunden?«

»Ja, das habe ich«, rief der junge Mann zurück, »und ich weiß auch, wie du deinem Sohn helfen kannst«, und kam mit schnellem Schritt zur Hütte der Alten gelaufen. »Der Schutzgeist sagt, dass in der Kehle deines Kindes eine Nadel steckt. Du musst sie nur herausziehen, dann kann es wieder sprechen!«

Überglücklich lief die alte Frau in die Hütte und zog ihrem Kind die Nadel aus der Kehle. Wie der Schutzgeist gesagt hatte, fing es auch tatsächlich an zu sprechen.

»Ich weiß nicht, wie ich dir danken soll«, sagte sie zu Jun Er, »ich bin arm und besitze außer dieser Nadel nichts, was ich dir geben könnte. Bitte nimm sie an als Zeichen meiner Dankbarkeit.«

Der junge Mann bedankte sich, verstaute die Nadel in seinem Bündel und machte sich auf den Weg. Er war nun schon viele Monate unterwegs, und seine Sehnsucht nach Mingming war so groß geworden, dass er beschloss, auch bei Nacht weiterzuwandern. Als er so durch den dunklen Wald lief, sah er, dass ein seltsames Licht aus seinem Bündel strömte, das wie goldene Strahlen auf das feuchte Moos unter seinen Füßen fiel. Erstaunt knüpfte er das Tuch auf und sah, dass es die Perle und die Nadel waren, von denen dieses wundersame Licht ausging. Nun verstand er die Worte des Schutzgeistes und ihm wurde klar, dass er all die Dinge, die sich seine Mingming so sehnlichst gewünscht hatte, bei sich trug. Da wurde sein Herz froh, und alle Müdigkeit war vergessen. So schnell ihn seine bloßen Füße trugen, lief er nach Hause zurück. Als er endlich im Dorf seiner Braut angekommen war, wartete Mingming bereits auf ihn. Das Glück, ihn wiederzusehen, hatte sie noch schöner gemacht, so dass sie wie eine kleine Schwalbe aussah, als sie ihm mit wehenden Gewändern entgegenlief.

»Liebster Jun Er, ich habe dich so vermisst«, rief sie ihm zu.

»Aber meine Mühe hat sich gelohnt«, erwiderte der junge Mann glücklich, »hier in meinem Bündel ist all das, was du dir gewünscht hast. Ich habe die Perle, die Nadel und die Seidenraupen für dich gefunden!«

So zogen die beiden in das Dorf des jungen Mannes und lebten dort glücklich und zufrieden. Und wenn man den alten Märchenerzählern glauben kann, dann wuchsen drei Tage, nachdem die beiden geheiratet hatten, überall im Land wundersame blaue Blumen, von denen noch heute erzählt wird, dass sie den Menschen Glück bringen.

Der Vogel mit den drei Köpfen

Zu der Zeit, als in China die große Mauer gebaut wurde, lebte in einem kleinen Fürstentum im südlichsten Südzipfel des weiten Landes eine Prinzessin, die als das schönste Mädchen weit und breit galt. Sie war so schön, dass sich die Blumen vor ihr verneigten und die Nachtigallen am helllichten Tag zu singen anfingen, wenn sie sie sahen.

Eines Tages ging die bezaubernde Prinzessin im Palastgarten spazieren, als sie plötzlich einen heftigen Windstoß spürte. Bevor sie wusste, wie ihr geschah, wurde sie von einem riesigen dreiköpfigen Vogel gepackt und weggeschleppt. Da half kein Schreien und Zappeln, unerbittlich trug der Vogel sie höher und höher hinauf. Ihre Ohren sausten und ein eiskalter Wind zerzauste ihr Haar.

Gerade als sie kurz davor war, in Ohnmacht zu fallen, hielt der Vogel in seinem Aufwärtsflug inne und glitt mit ausgebreiteten Schwingen zu einer Höhle in einem Steilhang hin, die ihm als Behausung diente. Sie lag unterhalb eines Felsvorsprunges, sodass man sie weder von oben noch von unten erreichen konnte. Dort setzte er die Prinzessin ab, verschlang die Reste eines Kuhkadavers und fiel dann in tiefen Schlaf.

Der Zufall wollte es, dass ein junger Jäger, den die Fährte eines Luchses immer höher ins Gebirge hinaufgeführt hatte, den dreiköpfigen Vogel erblickte, als er gerade mit der Prinzessin in den Klauen in seiner Höhle verschwand. Sogleich lief er zu der Stelle, wo sich die Höhle befand, aber zu seiner großen Enttäuschung stellte er fest, dass er sie unmöglich erreichen konnte. Niedergeschlagen setzte er sich auf einen Felsbrocken und dachte nach.

Da kam eine Gruppe von Männern aus dem Wald und rief ihm zu: »Was machst du denn ganz allein in dieser verlassenen Gegend?«

»Ich bin auf der Jagd«, erwiderte der junge Mann, »doch der Grund, weshalb ich hier sitze, ist, dass ich den dreiköpfigen Vogel gesehen habe, wie er ein Mädchen in seine Höhle geschleppt hat. Ich glaube, es ist die Tochter des Fürsten, denn sie ist selbst in den Klauen eines Raubvogels noch wunderschön!« Dann erzählte er ihnen, wie er versucht hatte, die Prinzessin zu retten, dass er aber ohne fremde Hilfe nicht zur Höhle gelangen könne.

»Das soll jetzt nicht mehr deine Sorge sein, mein Freund«, sagte der Anführer der Gruppe, der sich ebenfalls als Jäger ausgab, »zufällig haben wir hier in der Nähe unser Lager aufgeschlagen. Wir werden einen Korb und festes Seil holen und dich damit einfach zur Höhle hinunterlassen!« Sobald die Männer zurückgekommen waren, setzte sich der junge Mann sogleich in den Korb und die anderen ließen ihn hinab. Als er den Höhleneingang erreichte, lief die Prinzessin eilig zu ihm hin und rief: »Welch ein Glück, dass du mich gefunden hast. Komm schnell herein, der Vogel hat sich gerade zum Schlafen im Inneren der Höhle verkrochen. Ich werde dich in einer Felsnische verstecken!« Kaum war der Jäger in die Höhle geklettert und die Prinzessin hatte ihn

zu seinem Versteck geführt, da wachte der Vogel auf und bewegte sich mit schleifenden Flügeln zum Ausgang hin.

Der junge Mann wartete, bis sich das Untier an ihm vorbeigezwängt hatte, dann holte er sein Schwert aus der Scheide und schlug dem Vogel mit einem Schlag alle drei Köpfe ab.

»Komm schnell«, drängte er die Prinzessin, nahm sie bei der Hand und lief mit ihr zum Ausgang. »He, ihr da oben«, rief er, »lasst den Korb herunter, ich habe die Prinzessin gerettet!« Er hatte kaum zu Ende gesprochen, da erschien der Korb vor dem Höhleneingang. »Hier, steig ein, gleich bist du in Sicherheit.«

»Ich glaube, es ist besser, du lässt dich zuerst hochziehen. Schließlich kennst du diese Männer kaum, wie kannst du ihnen da trauen?«, fragte ihn die Prinzessin besorgt.

»Bitte, steig ein«, bat er sie nochmals, »ich möchte dich nicht allein in der Höhle zurücklassen!«

»Nun gut«, erwiderte das schöne Mädchen zweifelnd, »wenn du unbedingt darauf bestehst. Aber vorher möchte ich dir noch etwas geben!« Sie zog einen Kamm aus Rosenholz aus dem Haar, brach ihn entzwei und gab dem jungen Mann das eine Stück, das andere versteckte sie im Saum ihres weiten Ärmels. »Verwahre es gut«, ermahnte sie ihn, »denn ich werde nur den Mann heiraten, der mir das fehlende Stück meines Haarkammes zeigen kann!« Dann stieg sie in den Korb, der sogleich nach oben gezogen wurde.

Doch kaum war sie auf dem Felsvorsprung angekommen, merkte sie, dass sie mit ihrem Misstrauen Recht gehabt hatte: Die Männer dachten gar nicht daran, den Jäger aus der Höhle zu retten, sondern warfen den Korb unter lautem Gegröle in die Schlucht, setzten die Prinzessin auf ein Pferd und ritten mit ihr davon.

Indessen saß der junge Mann in der Höhle und wartete. Als ihm klar wurde, dass die Männer ihn im Stich gelassen und betrogen hatten, machte er sich große Vorwürfe. Aber es war zu spät, er war gefangen. Niedergeschlagen lehnte er sich an den kalten Fels und ließ seinen Blick schweifen. Da entdeckte er einen seltsamen Fisch, der an einem Seil von der Decke hing. Neugierig kletterte er ein Stück an der Felswand hoch und versuchte, den Fisch in die Hände zu bekommen.

Kaum hatte er ihn berührt, durchzuckte ein Blitz die Höhle und ein Jüngling stand vor ihm. »Du hast mich erlöst! Lass mich dein Bruder sein, und sei du der meine«, sprach er zu dem jungen Mann und umarmte ihn.

»Ich sehe keinen Grund, warum wir nicht Brüderschaft schließen sollten«, erwiderte dieser, »doch was nützt es uns, wenn wir hier verhungern müssen!«

»Sei unbesorgt«, beruhigte ihn der Jüngling, »wenn du stumm sein kannst wie ein Fisch, egal was passiert, dann kann ich dich zurück zu den Menschen bringen!«

Der Jäger versprach, dass kein Laut über seine Lippen kommen würde.

»Also dann«, sagte der Jüngling fröhlich und verwandelte sich unter großem Getöse in einen mächtigen Drachen. Der junge Mann hätte vor Schreck fast einen Schrei getan, aber er dachte an sein Versprechen und blieb mucksmäuschenstill.

Dann kletterte er auf Geheiß des Drachen flink auf dessen gepanzerten Rücken und mit einem riesigen Satz sprang das Schuppentier vom Rand der Höhle ab, breitete seine mächtigen Flügel aus und landete kurze Zeit später sanft auf einer kleinen Lichtung.

»Viel Glück, Bruder«, rief der Drache noch, dann war er verschwunden.

Also machte sich der Jäger allein auf den Weg. Unterwegs griff er in die Tasche seines Umhangs und entdeckte dort eine Handvoll Perlen, die geheimnisvoll schimmerten. »Das sind ja Zauberperlen«, flüsterte der junge Mann erstaunt und steckte sie eilig wieder ein.

Er war eine Weile gewandert, als er an ein Meer kam. Er griff in die Tasche und warf eine der

Perlen ins Wasser. Sogleich teilten sich die Wogen und er konnte trockenen Fußes weitergehen. Er hatte das andere Ufer fast erreicht, als sich ihm ein Drache in den Weg stellte, der noch dreimal schrecklicher aussah als sein Blutsbruder.

»Was fällt dir ein, hier durchzulaufen«, brüllte er ihn von oben an, »du weißt wohl nicht, dass dies der Palast des Meerdrachen ist!«

Da erzählte ihm der junge Mann alles, was ihm bis dahin widerfahren war, und als er geendet hatte, erwiderte der Drache:

»Der Jüngling, den du gerettet hast, ist mein Sohn. Also bist du nun auch mein Sohn, denn er hat mir erzählt, dass er mit dir Brüderschaft geschlossen hat. Komm mit in meine Schatzkammer, du sollst dir nehmen, was dein Herz begehrt!«

Sie waren noch nicht weit gelaufen, als sich der Blutsbruder des jungen Jägers zu ihnen gesellte und ihm ins Ohr flüsterte: »Lass Gold und Silber liegen und nimm die kleine Tonflasche. Sie kann dir jeden Wunsch erfüllen!«

Als sie schließlich in der Schatzkammer angekommen waren, fragte der Meerdrache seinen Gast: »Nun, was gefällt dir am besten? Egal, was du möchtest, es ist dein!«

»Majestät«, erwiderte der junge Mann höflich, »ich bin nur ein einfacher Bursche und tauge nicht für vornehme Dinge. Wenn Ihr mir etwas geben möchtet, dann würde mir die kleine Tonflasche dort hinten gut gefallen!«

Der Meerdrache seufzte tief, denn sie war sein wertvollster Besitz, aber er stand zu seinem Wort und gab dem Retter seines Sohnes, was er sich gewünscht hatte.

»Ich danke Euch von ganzem Herzen«, sagte dieser, »doch jetzt muss ich weiter, denn die Prinzessin ist in Gefahr!« Damit verbeugte er sich und kletterte das Ufer hinauf. Kaum hatte er Gras unter den Füßen, schlossen sich die Wogen, und vom Schloss des Meerdrachen war nichts mehr zu sehen.

Ohne zu rasten, machte er sich auf den Weg in die Hauptstadt. Unterwegs traf er einen Händler, der ihm erzählte, dass der Fürst seine Tochter gegen ihren Willen in drei Tagen verheiraten wolle. »Ach, hätte ich nur ein schnelles Pferd«, jammerte der junge Mann verzweifelt, als er diese Nachricht vernahm, »dann würde ich es noch schaffen, rechtzeitig in der Hauptstadt zu sein!«

Kaum hatte er zu Ende gesprochen, da kam ein herrlicher Schimmel auf ihn zugelaufen und blieb erwartungsvoll neben ihm stehen. Da fiel ihm ein, dass er ja die kleine Zauberflasche im Gepäck hatte, und überglücklich schwang er sich in den Sattel und rief: »Auf in die Hauptstadt, die Zeit drängt!« Dann gab er dem Pferd die Sporen und preschte davon.

Als er mit wehenden Ärmeln auf der Hauptstraße in die Stadt einritt, sah er gerade noch, wie die Zofen der Prinzessin beim Einsteigen in ihre Sänfte halfen.

»Halt, bleibt stehen«, rief er den Trägern zu, »ich muss unbedingt die Prinzessin sprechen!«

»Das geht nicht«, rief der eine zurück, »wir müssen sie schnell zum Palast bringen. Dort ist heute Hochzeit!«

»Das ist es ja gerade«, rief der Jäger, als er die Träger eingeholt hatte, »sie soll mit dem Falschen verheiratet werden!«

»Was will denn der Kerl!«, rief eine Männerstimme aus der hinteren Sänfte und der Kopf des

Fürsten erschien im Fenster. »Ich bitte vielmals um Entschuldigung«, rief der junge Mann, »aber Ihr wollt Eure Tochter dem falschen Mann zur Frau geben. Seht her, ich habe das fehlende Stück zu ihrem Haarkamm!«

Als der Fürst dies hörte, ließ er anhalten, lief eilig zur Sänfte seiner Tochter hin und fragte sie: »Ist das der Mann, der dich gerettet hat? Er behauptet, er hätte das fehlende Stück zu deinem Haarschmuck!«

Die Prinzessin schob ihren Vorhang zur Seite und als sie den jungen Jäger entdeckte, vergaß sie alle Etikette, sprang aus der Sänfte und lief dem jungen Mann entgegen, so schnell es ihr prunkvolles Hochzeitsgewand zuließ.

»Er ist es!«, rief sie ihrem Vater überglücklich zu. »Ich wusste, dass du kommen würdest, aber hättest du nicht ein bisschen eher hier sein können? Fast hätte ich diesen grässlichen Menschen heiraten müssen«, schalt sie den jungen Mann, »ich hoffe nur, mein Vater jagt ihn gleich fort, damit ich ihn nicht mehr sehen muss!«

Das tat der Fürst und kurze Zeit später wurde zum zweiten Mal eine Hochzeit im Fürstentum ausgerichtet, und weil diesmal der richtige Bräutigam dabei war, fand die Trauung auch statt. Alles verlief so, wie es der Zeremonienmeister geplant hatte, und es wurde ein rauschendes Fest gefeiert.

Als alle beim Hochzeitsbankett saßen, erschienen plötzlich vier kleine Drachen, die sich vor der Prinzessin verneigten und ihr eine Schatulle mit kostbaren Perlen überreichten.

Als der junge Mann die verwunderten Blicke des Fürsten sah, erklärte er: »Dies ist ein Hochzeitsgeschenk meines Vaters, der Euch auch herzlich grüßen lässt!«

»Wer ist denn dein Vater, dass er so seltsame Boten ausschickt?«, wollte der Fürst wissen.

»Auch wenn Ihr Euch wundert: Er ist der Meerdrache!«, erwiderte sein Schwiegersohn lachend, »bitte fragt mich nicht warum, es ist eben so!«

»Da hat er Recht!«, riefen die vier kleinen Drachen fröhlich und flogen durchs offene Fenster kichernd hinaus in die Nacht.

Inhalt